GUÍA DE OCULTISMO EN ESPAÑOL

Cómo Entender los Misterios del Ocultismo y Transformar tu Vida

FELIX WHITE

© Copyright 2021 – Felix White - Todos los derechos reservados.

Este documento está orientado a proporcionar información exacta y confiable con respecto al tema tratado. La publicación se vende con la idea de que el editor no tiene la obligación de prestar servicios oficialmente autorizados o de otro modo calificados. Si es necesario un consejo legal o profesional, se debe consultar con un individuo practicado en la profesión.

- Tomado de una Declaración de Principios que fue aceptada y aprobada por unanimidad por un Comité del Colegio de Abogados de Estados Unidos y un Comité de Editores y Asociaciones.

De ninguna manera es legal reproducir, duplicar o transmitir cualquier parte de este documento en forma electrónica o impresa.

La grabación de esta publicación está estrictamente prohibida y no se permite el almacenamiento de este documento a menos que cuente con el permiso por escrito del editor. Todos los derechos reservados.

La información provista en este documento es considerada veraz y coherente, en el sentido de que cualquier responsabilidad, en términos de falta de atención o de otro tipo, por el uso o abuso de cualquier política, proceso o dirección contenida en el mismo, es responsabilidad absoluta y exclusiva del lector receptor. Bajo ninguna circunstancia se responsabilizará legalmente al editor por cualquier reparación, daño o pérdida monetaria como consecuencia de la información contenida en este documento, ya sea directa o indirectamente.

Los autores respectivos poseen todos los derechos de autor que no pertenecen al editor.

La información contenida en este documento se ofrece únicamente con fines informativos, y es universal como tal. La presentación de la información se realiza sin contrato y sin ningún tipo de garantía endosada.

El uso de marcas comerciales en este documento carece de consentimiento, y la publicación de la marca comercial no tiene ni el permiso ni el respaldo del propietario de la misma.

Todas las marcas comerciales dentro de este libro se usan solo para fines de aclaración y pertenecen a sus propietarios, quienes no están relacionados con este documento.

Índice

Introducción — vii

1. ¿Qué es lo oculto? — 1
2. Brujería moderna — 19
3. Activa a tu bruja interior — 37
4. Herramientas del arte mágico — 65
5. Construye tu altar — 83
6. Escribir un grimorio o Libro de las Sombras — 99
7. Desbloquea tus poderes psíquicos y de adivinación — 121
8. El poder de la invocación — 137
9. Magia con cristales y alquimia — 147
10. Crea tus rituales y hechizos — 155
    Conclusión — 163

Introducción

Lo "oculto" es un concepto que aterroriza a las personas sin una razón verdadera. Dependiendo de la manera en que lo veas, las personas tienen la impresión de que los oculistas simplemente dibujan pentagramas, poseen una colección de herramientas filosas, y comparten una cena con su majestad Satanás todos los viernes de luna llena. Claro, quizá esta afirmación te parezca una exageración, pero muchas personas se alejan de lo oculto porque creen que es absolutamente aterrador, gracias a toda la información incorrecta que se encuentra ahí afuera.

Tú no eres como el resto de las personas. Tú estás leyendo este libro porque sabes, en un nivel intuitivo, que hay algo más allá del ocultismo, la magia, astrología, adivinación, brujería, y alquimia de lo que nos venden y somos capaces de ver. La ciencia trabaja hasta el cansancio para demostrar que estas prácticas no son nada más que pasatiempos, y en el peor de los casos, fantasías delirantes.

Introducción

Puede que insistan que no hay nada más allá del mundo físico de la materia, y que no existe ninguna otra manera de manipular los objetos del universo más allá de la "vieja confiable" acción, pero seguramente has pasado tiempo sospechando que eso seguramente no es verdad.

Este libro está diseñado para responder algunas de las preguntas más importantes con respecto a lo oculto. Se ha escrito tomando en cuenta a los lectores novatos e intermedios, cubre las áreas del ocultismo, misticismo, magia de cristales, y muchas otras prácticas de una manera objetiva y explicativa.

El propósito de este libro es cambiar la narrativa actual que tienes sobre lo oculto y la brujería. La persona que trabaja en tu tienda de bocadillos favorita, el barman en tu bar local, tu vecino de la casa de al lado, o el chico coqueto que lava tu auto puede ser un brujo, bruja, o practicar otra forma de paganismo u ocultismo. Y no, eso no los vuelve automáticamente malas personas. De hecho, los ocultistas tienden a ser de las personas más placenteras que puedes llegar a conocer. Los paganos no son sirvientes del diablo.

Además, nadie está en el derecho de burlarse de aquellos que quieren vivir su vida a la manera antigua.

Ningún autor, y me incluyo en esta afirmación, puede escribir un libro y decir que es una representación completa de la cultura y cosmovisión de Wiccana. Este arte está en constante evolución.

Introducción

Cada ocultista decide por sí mismo o misma qué y cómo es la mejor manera de practicar su devoción a lo divino. Te presentaré las creencias, principios éticos, prácticas, y opiniones centrales aceptadas por la mayoría, y al mismo tiempo disipar los conceptos erróneos que puedas tener sobre el ocultismo.

Primero, te daré una pequeña advertencia: no tiene sentido adquirir conocimiento, si no lo pones en acción. Así que lo que deberás hacer es leer este libro una vez para aclarar tus dudas, y volverlo a leer más adelante y prestar particular atención a las partes que te causaron una impresión mientras leías. Luego, pon lo que aprendiste en práctica. Sobre todo, debes aprender a ser un estudiante eterno. Busca más cosas para aprender y lleva a cabo la prueba absoluta, inténtalo y observa los resultados que obtengas. Después de todo, no tiene sentido leer un millón de libros si no consigues tu propia experiencia con lo oculto y espiritual. Con ella, nunca tendrás que cuestionarte o pensar sobre la validez de estas prácticas, y nadie te hará cuestionar tus creencias. Esto significa que solo mejorarás en la práctica de tu arte, y este es el verdadero camino hacia un crecimiento espiritual.

1

¿Qué es lo oculto?

La palabra "oculto" se origina de la palabra "occultus" en latín, y de la francesa "occulte," que es el pasado participio de "occulere". Estas palabras se traducen a "clandestino, secreto, cubierto, escondido, o fuera de la vista."

El ocultismo fue relacionado a los estudios paranormales, incluidos la astrología, alquimia, magia, precognición, telequinesis, necromancia, y la metafísica a finales del siglo 16.

El registro más temprano del uso de la palabra "ocultismo" es en textos ingleses, en un artículo titulado "Unas preguntas para Hiraf" y que fue publicado en 1875 por el Spiritual Scientist, una revista de espiritualidad estadounidense. Una inmigrante rusa y fundadora de la teosofía llamada Helena Blavatsky escribió este artículo mientras vivía en los Estados Unidos.

Resumido en términos generales, el ocultismo es una variedad de prácticas paranormales y creencias similares a la magia, misticismo, y espiritualidad. También está conectado con conceptos de otros mundos como parapsicología, percepción extrasensorial, psicometría, y psicoquinesia.

El ocultismo es lo opuesto al apocalipsis, del griego "apokalyptein," un término espiritual que denomina revelación o divulgación. Esta es la razón por la que las denominaciones religiosas consideran al ocultismo como la antítesis de lo divino. Un ocultista es devoto a la ciencia de ganar conocimiento espiritual más allá del plano físico y los tentáculos de la ciencia.

Existen interminables opiniones y postulaciones sobre la comprensión y práctica de seres místicos y fuerzas extraordinarias. Dichos seres, poderes, y costumbres - primariamente adivinatorias y fuera de este mundo - han existido y sido documentadas en la historia, aunque con discrepancias sustanciales en su descripción y percepción pública.

La ciencia recientemente fue criticada y demonizada porque sugiere recurrir a prácticas y matices que no concuerdan con la versión comúnmente aceptada de lo "normal".

. . .

Para las personas laicas, el punto focal del ocultismo es la supuesta habilidad del experto para influenciar u orquestar las leyes de la naturaleza y la moralidad a su voluntad, para beneficio propio o de otros.

Los antropólogos opinan que es imposible distinguir entre religión y magia, que es la constitución principal de la creencia ocultista. Este es el caso de diferentes sectas religiosas de sociedades individuales. Sin embargo, esta opinión no tiene muchas bases, ya que vasta cantidad de grupos religiosos perciben las leyes naturales y la moralidad como claramente definidas.

La evolución de lo oculto

La narrativa occidental sobre lo sobrenatural en los siglos 19 y 20 impactaron en la visión actual del ocultismo. Los siglos 16 y 17 hizo que la gente creyera en la existencia de fuerzas y entidades sobrenaturales. La prevalencia de estas fuerzas más allá del control humano les brindaba consuelo a algunas personas, mientras que a otras las martirizaba con terror, sufrimiento, y muerte. Muchos practicantes del ocultismo reinaron supremos en virtud de su derecho a controlar estos poderes psíquicos.

. . .

Los eventos que fueron provocados llevaron a la divina inquisición y textos como el Malleus Maleficarum, que sirvió para terminar las vidas de cientos, si no es que miles, de satanistas, brujas, y otros "herejes." La tortura y persecución de los ocultistas llevó a un incremento en los esfuerzos de algunos clérigos religiosos deshonestos a engañar al publico con milagros y objetos de virtud falsos. Los siglos 16 y 17 brindaron una cantidad severa de ocurrencias sobrenaturales, empezando desde la explotación de artefactos y, mucho después, los cazadores de brujas.

El ocultismo occidental es una creencia secreta antigua fundamental para todas las practicas ocultistas. Esta filosofía oculta se origina de la alquimia y la magia Helenística por un lado, y el espiritualismo judío por el otro. La fuente primaria de la magia Helenística es el texto escrito por Hermes Trismegisto, el Corpus Hermeticum, y este tratado incluye gnosis, astrología, alquimia, magia, y otras ciencias místicas que favorecen la regeneración espiritual. Sus doctrinas eran instrumentales en la evolución de la magia Wicca, neopaganismo moderno, y la occidental.

El misticismo judío es respaldado por el Cábala, el cual está compuesto de enseñanzas sobre el misticismo esotérico. El Zohar, escrito en hebreo y arameo medieval, es un compendio de comentarios místicos sobre el Torá, y es el fundamento del Cábala.

. . .

El pensamiento metafísico judío fue conocido por los escolares europeos en la Edad media y fue asociado con el Corpus Hermeticum durante el Renacimiento. La costumbre Cábala hermética consiguiente fue llamada Hermetismo, la cual fue integrada a la ideología y práctica mágica (esta última ocurrió como una mágica natural y positiva en contraposición a la "magia negativa" que ofrecían la hechicería y brujería).

La ciencia de la alquimia se incorporó al Hermetismo, y fue reforzada con la aparición del Rosacrucianismo a inicios del siglo 17. Los rosacruces eran una sociedad encubierta que usaba los símbolos alquímicos y heredaron la sabiduría arcana a sus seguidores, así crearon un método de alquimia espiritual que continuó más allá de los avances de la ciencia teórica y le permitió al Hermetismo progresar con fluidez hacia la Era de la Ilustración (1715 – 1789).

En el siglo 18, los francmasones adoptaron el ocultismo, gracias a que no encontraron una doctrina ocultista adecuada en la Francmasonería. Estos entusiastas inclinados hacia el esoterismo perseveraron como estudiantes exclusivos del Hermetismo y como grupos ocultistas en la Europa Continental durante el siglo 19, cuando el cinismo religioso causó un rechazo a las doctrinas religiosas de los iluminados.

. . .

Esto llevó a una investigación complementaria para redimirse por otros medios, incluido el ocultismo.

Mientras el protestantismo perdió su relevancia cultural y social, la observación científica y el estudio de los fenómenos naturales ganaron un campo importante, y ocasionó desconfianza general. Después, en el siglo 18, esta falta de confianza creó el Deísmo, una escuela de pensamiento que confirmó la creencia de que Dios era el creador de las leyes naturales.

El deísmo fue restringido a solo un par de miembros poderosos e influyentes de la sociedad tales como George Washington, Benjamin Franklin, y otros padres fundadores de Estados Unidos. El siglo 19 creó una imagen dudosa del misticismo que fungió como la base del "pensamiento libre".

Los librepensadores influenciaron todas las formas de pensamiento teológico y académico de su tiempo. Los eventos de este periodo fomentaron argumentos de predicadores con ateos confirmados, teólogos que probaban la existencia de dios, y misioneros que doblaban sus esfuerzos para influenciar a los faltos de fe.

Incluso con la reaparición del misticismo en el siglo 19, el ocultismo no logró generar presencia en las facciones académicas, incluso cuando había impactado a artistas famosos como Wassily Kandinsky, Austin Osman Spare, y el poeta William Butler Yeats ocasionalmente. A raíz de esto, podemos decir con seguridad que la definición del ocultismo ha ido de ser envuelto en misterio y conocimiento oculto a los no-iniciados, a conllevar diferentes significados y varios conceptos erróneos. En el intenso debate entre los religiosos y los librepensadores, una secta pequeña que prefiere ser llamada "espiritualistas" propusieron una nueva perspectiva.

Ellos afirman que la diferencia entre esta vida y la vida más allá de ella es una teoría creada por nosotros mismos, ya que todo lo conocido, y lo no conocido, es parte de este universo.

Los espiritualistas buscaron la ayuda de videntes para acceder al reino sobrenatural y transmitir mensajes que no podrían ser obtenidos usando métodos científicos. Los videntes canalizaron una variedad de fenómenos psíquicos que indicaban la presencia de fuerzas invisibles que operaban en el plano físico; poderes que no habían sido conocidos ni documentados por los cuerpos científicos de la época. Por ende, con el advenimiento y avance del espiritualismo, algunos académicos con conexiones fuertes a la religión y métodos científicos afirmaron que la observación científica podía ser utilizada para estudiar apariciones paranormales, especialmente con respecto a los espantos, apariciones, y fantasmas.

. . .

Esta idea dio vida al Club de Fantasmas de Inglaterra en 1862, y una gran cantidad de investigaciones se llevaron a cabo sobre las apariciones sobrenaturales a lo largo de las siguientes dos décadas. En 1882, los investigadores de la Nueva Era empezaron la Sociedad para la Investigación Psíquica de Londres para observar los acontecimientos en sesiones espirituales y otros fenómenos paranormales.

La línea de tiempo entre 1882 a 1939 – el inicio de la segunda guerra mundial – marcó una alianza turbulenta entre la investigación psíquica y el espiritualismo. El espiritualismo y sus ramas (principalmente la Teosofía) expusieron los fenómenos psíquicos que los investigadores catalogaron y usaron para experimentación. Entendieron que estos acontecimientos, si fueran probados, tendrían grandes consecuencias para entender el mundo y su funcionamiento.

Se recopiló una gran cantidad de datos, tanto negativos como positivos. Fue compilada evidencia que documentaba una plétora de acontecimientos sobrenaturales que sostenía contacto mortal-espiritual. Simultáneamente, fue descubierto que la mayoría de la información que era recopilada a través de medios como la telequinesis y materializaciones mente sobre materia con frecuencia era fraudulenta. Esta incidencia incremental de trampas, incluso por videntes que eran percibidos como genuinos, crearon un dilema.

. . .

Estos acontecimientos causaron muchas preguntas sobre la posición del Espiritualismo. Aunque no afirmaba directamente que todos los médiums y practicantes de ocultismo eran un fraude, sí implicaba que el movimiento ocultista protegía a ladrones y alentaba su profesión, incluso con evidencia concreta de estafa. También clasificaba a investigadores psíquicos que generaban pruebas positivas como influenciables, lánguidos, y – aún peor – apoyos de estafadores que se disfrazaban de médiums.

Este fue el foco principal de los trabajos literarios de Lewis Spence y Nandor Fodor. El primero publicó su libro llamado la Enciclopedia del Ocultismo y Parapsicología, que hablaba sobre los fenómenos psíquicos desde una perspectiva espiritualista, definió la esperanza que tenía en los científicos para descubrir la técnica que autentifique los incidentes sobrenaturales.

La Enciclopedia de Ciencias Físicas de Fodor fue publicada una década después de esto. Este libro admitió la presencia de engaño y fraude en el Espiritualismo, pero creía en la información que habían recopilado algunos investigadores psíquicos notables y otros colegas. Medio siglo después de las publicaciones de Fodor y Spence, lo oculto y metafísico han adoptado una nueva cara. Una cara respaldada por el movimiento de la "Nueva Era".

. . .

Las ideas que rodean a la Teosofía, Espiritualismo, y los fenómenos sobrenaturales han sido afectadas por el descubrimiento de la parapsicología. La inducción de la Asociación Parapsicológica a la Academia Americana para el Avance Científico le permitió que haya honestidad y transparencia en la investigación mística con la comunidad científica, ya que los parapsicólogos se habían vuelto más ortodoxos, y renunciaron a la mayoría de la información que se había recaudado en investigaciones antiguas.

Ocultismo de la Nueva Era

En los tiempos antiguos, los fenómenos ocultos y las desviaciones de la ley natural estaban conectados con entidades misteriosas, almas de los muertos, y otras fuerzas invisibles.

Se llevaban a cabo rituales para apartar la mala fortuna, conseguir conocimiento de eventos pasados o futuros, acumular riqueza, dañar a los enemigos, y despertar espíritus y entidades. Las culturas indígenas siempre han asociado las prácticas ocultistas con chamanes, magos, y otros practicantes con habilidades sobrenaturales.

A finales del siglo 20, alrededor de 1970, hubo un incremento en la práctica de ocultismo. 1980 vio el amanecer de la Coalición de la Nueva Era.

La curiosidad creciente en el pensamiento metafísico y eventos sobrenaturales llevó al incremento de actividades como la canalización, uso de cristales, creencia en los ángeles, y rituales de exorcismo. Sin importar la moda, el campo de la parapsicología se ha arraigado en la sociedad convencional en formas que nadie hubiera imaginado en los años 50.

Después de la caída del imperio Romano en la edad media, la iglesia intentó controlar a las personas. Su estrategia fue banear cualquier práctica que no estuviera concorde a los preceptos de la iglesia. Aunque más personas se convirtieron al cristianismo, las prácticas antiguas sobrevivieron y fueron practicadas en absoluto secreto. En este punto, cualquier práctica fuera de los estrictos lineamientos de la fe cristiana fueron catalogados como oscuros y ocultos. La iglesia decidió que cualquier ceremonia, ciencia, o forma de arte que desafiara la interpretación racional era categorizada como oculta.

Puede que las artes místicas hayan aterrorizado a algunos, pero la edad media fue testigo de la separación del ocultismo de la religión y su competencia con otras prácticas religiosas convencionales. Muchos rituales y hechizos mágicos de la edad media están basados en creencias precristianas de los países mediterráneos.

. . .

El punto de vista de una persona sobre la verosimilitud de los sucesos sobrenaturales y lo oculto es dependiente de su posición religiosa o filosófica. Por ejemplo, la teoría Espiritista de Allan Kardec es una rama del Espiritualismo que cree en la reencarnación. El espiritismo y el Espiritualismo son esencialmente escuelas religiosas de pensamiento, ambas certifican milagros bíblicos y especifican que los eventos paranormales son verdaderos y válidos.

Lo metafísico aún se considera "oculto" incluso hoy en día. Desde la edad media, el ocultismo se ha convertido en una etiqueta derogatoria usada para describir una gran cantidad de asociaciones o grupos sobrenaturales, todos estos tienen características fundamentales como: un conjunto de rituales o prácticas; educación a los miembros sobre la historia, el conocimiento secreto, y los principios filosóficos que los guían.

El movimiento de la Nueva Era ha refutado estas afirmaciones al haber reformado lo oculto. Actividades de adivinación como la lectura del tarot, astrología, numerología, lectura de palma, taseografía, adivinación, y el lanzamiento de runas han sido designadas como prácticas de asesoramiento, mientras que los Wiccanos se han juntado para refutar las actividades en contra de la hechicería, y los han desacreditado como fanatismo religioso.

. . .

Grupos interesados se alinearon con nuevas mezclas de la ciencia oculta, como el Hyperianismo. Algunos abrazan la Teosofía, una mezcla de ocultismo occidental y oriental, mientras otros voltean hacia el Espiritualismo, que permite el contacto entre los vivos y los muertos a través de un médium.

Ramas del ocultismo

Los valores de la iglesia aún definen al neo-ocultismo. El libro La guía completa del Evangelismo categoriza la amplia práctica del ocultismo en tres grupos, siendo estos:

- **Prácticas adivinatorias**: Esta rama de la ciencia oculta persigue el conocimiento oculto, usualmente sobre el pasado o el futuro cercano, usando lecturas psíquicas y otros métodos místicos. Recursos adivinatorios pueden incluir a la lectura de palmas, adivinación con cristales u hojas de té, astrología, y otras herramientas de clarividencia.
- **Paganismo**: Referido frecuentemente como neopaganismo y es particularmente diferente del floreciente renacimiento del paganismo antiguo, que comenzó en el siglo 19. En 1960 se vio el comienzo del Animismo, el cual les atribuye un alma viviente a lugares, criaturas, u objetos inanimados. El Animismo les hace reverencia a

deidades ancestrales como Gaia o la Madre Tierra.

- **Espiritismo**: El Espiritismo y Espiritualismo con frecuencia son usados de manera intercambiable, pero existen diferencias remarcables en estas prácticas. Primero que nada, el Espiritualismo empezó con las hermanas Fox, Leah, Margeretta, y Catherine, en 1848. El académico francés Hyppolyte Leon Denizard Rivail (También conocido como Allan Kardec) empezó el Espiritismo en 1850. Los espiritualistas y espiritistas creen que entidades no carnales y humanos pueden comunicarse y tener relaciones. Solo los espiritistas creen en la reencarnación y la evolución del alma. En contraste, los espiritualistas afirman que la reencarnación es imposible, ya que corta la unión entre los vivos y amados que han partido. El Espiritualismo cree en la existencia de Dios, pero el Espiritismo no tiene un trasfondo religioso formal. Ambos son similares porque tienen raíces en lo oculto y requieren una creencia en lo paranormal. El Espiritualismo persiste en los tiempos modernos después de la popularidad de sesiones espiritistas a mediados de los 1800s al 1920

Concepciones erróneas sobre el ocultismo

A lo largo de los años, el ocultismo se ha pintado con un pincel de maligno y prohibido. Los conceptos que mencionaré a continuación son los conceptos equívocos más comunes que existen con respecto a la ciencia oculta.

- **La ciencia es parte de lo oculto:** La ciencia no fue entendida correctamente durante la edad media, y por esta razón fue marcada como una práctica oculta por las sectas religiosas. Las interacciones entre elementos y químicos o entre substancias y objetos fueron interpretados pobremente y categorizados como "magia." Los herbolarios eran "practicantes de magia de la tierra," ya que lidiaban con controlar y alterar los elementos naturales. Los alquimistas fueron marcados como "brujos" o "hechiceros" porque poseían la habilidad de modificar metales y otros elementos usando calor y otros procesos extraordinarios.
- **Los cultos y lo oculto son lo mismo:** Muchas personas consideran al cristianismo un culto por sí mismo. Algunos grupos que alguna vez fueron vistos como cultos han evolucionado historia y socialmente hacia convertirse en grupos religiosos. Ejemplos de esto son los Adventistas del Séptimo Día, que fueron liderados por Ellen White, y los mormones, liderados por Joseph Smith. Algunos argumentan que la palabra "culto" no es más que una etiqueta difamatoria usada contra nuevos

movimientos religiosos y sus derivados. Los cultos son sectas con creencias firmemente arraigadas y que su poder gira en torno a un solo líder. Este tipo de fanatismo requiere un grupo de personas, un alto nivel de exclusividad, y compromisos que no son típicos de otros grupos. Por otro lado, lo oculto es un sistema de creencias secretas y principios que no requieren un grupo de personas. Una sola persona puede ser ocultista. El ocultismo es la búsqueda de la verdad, mientras que los cultos no tienen un verdadero deseo de alcanzar la iluminación. Usar "culto" y "oculto" intercambiablemente es una falacia de generalización que daña al concepto de lo oculto.

- **El ocultismo es sinónimo de satanismo:** Otra afirmación errónea es que todos los satanistas son ocultistas y viceversa. Esto se remite a la definición de la iglesia de lo oculto y otras prácticas secretas antiguas. El satanismo Teísta es una creencia que toma a Satán o Lucifer como una fuerza o deidad sobrenatural imparcial y digna de veneración y adoración. Los satanistas ven su propia religión como un camino espiritual de conocimiento, la individualidad de pensamiento, y crecimiento personal. La posición de la iglesia sobre el ocultismo es considerada igual de hipócrita y mojigata, sobre todo cuando se ve a través del lente de la Librería Etérea de los Clásicos Cristianos. La iglesia ha profesado una serie ininterrumpida de habilidades milagrosas, como exorcismos demoniacos, el regalo de lenguas, poder de la profecía, y levantar a los muertos. Si seguimos esta definición, la propia iglesia debería ser considerada oculta y similar al Satanismo.

2

Brujería moderna

EL TEÓSOFO AMERICANO Davind Spangler fundó el movimiento de la Nueva Era en 1970. Este movimiento es una colección de prácticas religiosas o espirituales y creencias que se expandieron rápidamente en occidente en los años 70. Spangler creía que ciertos cambios astrológicos brindaron nuevas olas de energía espiritual poderosa, propulsando así a la Tierra dentro de una era que él llamó la "Era de Acuario."

La Nueva Era es una forma de esoterismo occidental que se generó de culturas ancestrales, particularmente los movimientos ocultistas de los siglos 18 y 19, estas se practicaron en su mayoría entre las clases sociales media y media-altas, La Teosofía, Francmasonería, Espiritualismo, las religiones OVNI de 1950, la contracultura de 1960, y trabajos de místicos como Franz Anton Mesmer y Emanuel Swedenborg todos influenciaron fuertemente los periodos tempranos de esta era.

El Nueva Erismo reinó supremo en el Reino Unido en los 70's y llegó a Estados Unidos entre 1980 y 1990. El principal defensor de este movimiento en Norte América fue Ram Dass. Afirmaciones de canalizadores como J.Z Knight (quien canaliza a Ramtha), Jane Roberts (quien canalizaba a Seth), y Jach Pursel (quien canaliza a Lazarus) han promovido el crecimiento del fenómeno de la Nueva Era. El libro Seth Material vendió más de un millón de copias solo en EUA, haciendo que las ideas de la Nueva Era fueran más accesibles al público.

Herramientas tradicionales de lo oculto como la astrología, lectura del tarot, yoga, meditación, y médiums fueron introducidos al movimiento de la Nueva Era para ayudar al desarrollo personas y la transformación, pero dos herramientas que fueron fuertemente usadas durante este tiempo fueron los cristales y los médiums.

Muchos "Nueva eristas" reconocen a Source (traducido al español como "la fuente", el ser divino quién es el creador de todas las cosas) y un Ser Superior mezclado con la esencia divina de la creación.

. . .

También hay un arreglo de entidades como maestros que ascendieron, devas, extraterrestres, guías espirituales, y ángeles que se comunican con los portales a través de canalizaciones. Además, hay un claro énfasis en la sanación con medicina poco ortodoxa y una creencia en la ciencia fusionada y la espiritualidad.

A mediados de 1990, el movimiento de la Nueva Era logró hacerse camino hasta Canadá, Nueva Zelanda, Europa Occidental, Estados Unidos, y Australia. En 5015, el académico religioso Hugh Urban afirmó que el Espiritualismo de la Nueva Era estaba incrementando continuamente en los Estados Unidos, ya que más gente comenzaba a marcar la opción de "espiritual, no religioso". El Espiritualismo de la Nueva Era promete libertad, autonomía sobre la creencia, espíritu, alma, y cuerpo.

Distinción entre Wiccanos y Paganos

La Wicca es una religión de felicidad y amor, ciertamente distinta del cristianismo, con su concepto del "pecado original" y la posibilidad de alcanzar la felicidad solo en la vida después de la muerte. Es un camino neopagano basado en la naturaleza que fue popularizado por Gerald Brosseau Gardner, con prácticas que se derivan de tradiciones precristianas.

. . .

Los Wiccanos alaban a la Diosa Madre y su consorte, el Dios Cornudo. Hoy, la religión Wicca es una de las religiones que se expande más rápidamente en los Estados Unidos.

La palabra "Pagano" se origina de la palabra en latín "Paganus," que significa "habitante del campo" y del latín "pagus," que significa "distrito rural." El paganismo representa la manera en la que muchas personas practicaron la religión y espiritualidad antes del adviento del cristianismo.

Describe creencias que no se conforman con ninguna religión principal como el hinduismo, cristianismo, o el islam. "Pagano" era la palabra usada por los cristianos a principios del siglo cuatro para describir a las personas que adoraban a más de un dios.

El paganismo y etenismo (neopaganismo germano) tenían connotaciones negativas, pero eso ha cambiado recientemente. Las costumbres paganas eran una manera de dirigir a la naturaleza en una dirección correcta para ayudar a la supervivencia de la tribu. Después, estos rituales se convirtieron en festividades simbólicas de tiempo completo que eran marcadas en los calendarios. Los puritanos imbuyeron sus creencias en tradiciones paganas ya existentes para crear una transición más sencilla hacia el cristianismo.

. . .

Por ello el solsticio de invierno y los saturnales romanos se convirtieron en "Navidad," el equinoccio de primavera se volvió "semana de pascua", y los festivales lupercales romanos se convirtió en el "día de san Valentín," y así ocurrió con otras festividades.

Aquelarres, covensteads, y covedoms

En la religión Wicca y muchas otras formas de hechicería neopagana, un aquelarre es una comunidad de brujas o wiccanos que se reúnen para juntas, rituales, o para realizar ceremonias mágicas. Es una alianza de sacerdotes conformados de ambos sexos, usualmente en el mismo distrito o pueblo, y que es presidida por un líder. La palabra "coven" (aquelarre en inglés) se origina del Anglo-Normano "covent," y el latín "conventum." Los miembros del aquelarre están forzados por la ley a atender juntas semanales llamadas "esbatos." Un covenstead es un lugar donde los miembros de un aquelarre se reúnen y guardan bienes parafernales. Los covedoms son territorios donde viven las brujas, que se extienden en un radio de 3 a 6 millas en todas las direcciones partiendo del covenstead, esto es para que los covenstead no se encuentre demasiado cerca. La distancia entre la mitad de un convenstead y otro es el radio del covendom.

. . .

Los no iniciados son llamados "cowan." Los cowanes no pueden atender reuniones Wiccanas, aunque algunas sectas permiten a visitantes observar los ritos. Creen que es una buena idea permitirle a los cowanos ser espectadores en ceremonias religiosas (no mágicas) para experimentar el verdadero espíritu de la antigua religión, deshacerse de conceptos erróneos que tienen sobre la fe, e incluso verse tentados a seguir el camino.

Después de la iniciación, te conviertes en un hechicero y clérigo, lo que significa que puedes llevar a cabo tus propios rituales mágicos en solitud. En la Wicca Gardneriana, las Altas Sacerdotisas son llamadas Lady [Nombre]. No importa a qué aquelarre decidas perteneces, debes tomar sus tareas y ritos en serio. Si surgen dudas sobre lo que son estos derechos y responsabilidades, entonces deberás consultar personalmente a los altos clérigos.

Los grupos neopaganos que no son druidas ni Wiccanos prefieren el término "círculo" o "templo" en lugar de "aquelarre" porque es más seguro y ambiguo. Ninguno de estos términos está registrado con derecho de autor, así que es permitido por la ley llamar a tu grupo como lo desees.

Aún así, para evitar confusiones, procura no utilizar el término "aquelarre" a no ser que tu reunión involucre Wiccanos o brujas.

Colmenas: Más que un término para abejas

El número de miembros en un aquelarre puede variar. Dos brujas son una "pareja trabajadora" sin importar su género, y una reunión de al menos tres pueden formar un aquelarre.

Algunos de estos contienen siete miembros de ambos géneros, pero de acuerdo a las teorías de Murray, el número ideal es trece. Los Wiccanos creen que un aquelarre que sobrepase los trece miembros es incómodo y puede generar turbulencia en las dinámicas de grupo. Por esta razón, cuando un aquelarre crece más allá de lo manejable, puede convertirse en una colmena o dividirse para formar un nuevo aquelarre con líderes que hayan completado una iniciación de tercer grado.

Tornarse en una colmena puede ser una ocasión gozosa donde los aquelarres madre e hija aún se reúnen para rituales y trabajan en conjunto durante las festividades. O puede ser una acción maliciosa por parte de algunos miembros que se encuentran en desacuerdo con ciertas acciones del aquelarre madre. Si planeas empezar tu propio aquelarre, la manera más segura de hacerlo es unirte a un aquelarre existente y obtener cierta experiencia antes de ramificarte hacía el tuyo propio.

. . .

Lo que no es un aquelarre

Es importante hacer diferenciación entre un aquelarre y otros tipos de asociaciones populares entre practicantes poco ortodoxos:

- **Un aquelarre no es un grupo social:** Un grupo social se conforma de miembros que aparecen cuando se encuentran inactivos o no tienen nada mejor en lo cual enfocar su energía. Estos grupos son valiosos cuando quieres encontrar amigos o generar conexiones sin importar la meta del grupo. Esta mentalidad no se aplica con los aquelarres. Los aquelarres están compuestos por miembros que trabajan bien juntos y están dispuestos a invertir el tiempo, la dedicación, y el trabajo duro para progresar en las artes mágicas.
- **No es un sustituto de familia:** Las familias contienen a personas que se toleran mutuamente y quienes a veces puede que no se quieran mutuamente. Los miembros de una familia son parte de una unidad que comúnmente no es de su propia creación. Por esto el conflicto que existe dentro de una familia puede consumir una parte substancial del tiempo y el esfuerzo de los miembros. Por otro lado, un aquelarre es una unidad de personas con intereses similares que se respetan mutuamente y trabajan en sintonía. No

es perfecto, pero cada persona en el aquelarre tiene unidades familiares individuales y problemas personales. Los miembros de un aquelarre se conectan gracias a los temas espirituales, y los problemas de la familia biológica son puestos de lado para el beneficio común. De igual manera, no permitas que los asuntos del aquelarre hagan que pierdas interés en tu familia.

- **No son una iglesia:** Los aquelarres pueden ser reuniones de alabanza, pero no son iglesias. Las iglesias son cristianas, mientras que la brujería o Wicca no lo son. Los aquelarres no tienen un clérigo pagado. En su lugar, tienen altos mandos, sacerdotes y sacerdotisas que alientan el crecimiento espiritual. Todos en la religión Wicca son considerados clérigos. Esto lo diferencia de la religión ortodoxa que propone un solo individuo como una parte indispensable de la comunión entre dioses o espíritus. Los líderes del aquelarre solo sirven para guiar y enseñar a los miembros a obtener poderes de Dios y la naturaleza para su propio beneficio.

- **Los aquelarres no son escuelas comunes:** En los aquelarres, puedes aprender la religión antigua, el arte de la curación, y la magia. Existen leyes y un credo conocido como el Rede Wicca. Dicho esto, no tiene nada en común con una escuela convencional. No hay aulas formales, currículos, libros de texto, o planes de estudio. No hay calificaciones ni exámenes para marcar el progreso. La iluminación es a través de vías orales, constantemente sucediendo sin ninguna presión para aprender. Como tal, los estudiantes deben automotivarse. En un aquelarre, obtienes conocimiento a través de experiencias y meditación. No hay dos personas con la misma experiencia, así que no hay comparación entre estudiantes. Tu camino como bruja o Wiccano es personal y único.

- **No es terapia:** Los aquelarres no son programas de ocho pasos que te ayudan a abordar problemas que no puedes solucionar por ti mismo. Es incorrecto asumir que entrar a un aquelarre automáticamente resolverá todos tus problemas. Para alcanzar el éxito como brujo o Wiccano, debes estar dispuesto a tomar pasos para crear una relación con los dioses por ti mismo. Muchos hechiceros buscan ayuda profesional para lidiar con retos personales, y no hay razón por la cual avergonzarse de ello.

El rol de los líderes en los aquelarres

Un aquelarre, como cualquier otro grupo, requiere un líder para ser el Alto Sacerdote o Alta Sacerdotisa. Los líderes pueden ser incluso una pareja compuesta de cualquier sexo.

Un sacerdote representa al Dios Cornudo, mientras que las sacerdotisas representan a la diosa, sea la diosa de la luna o la diosa de la tierra. En la tradición Sajona, los líderes son seleccionados por un voto unánime de todos los miembros y sirven por un año antes de poder ser reelegidos. Algunos aquelarres abogan por liderazgos rotativos o democracia dentro de los rangos para prevenir a los miembros abusar del poder.

Ningún líder posee más poder que los miembros. Todos son iguales. Este sistema de elección de líderes tiene muchas ventajas. Previene abusos de poder, favoritismo, y subidas de ego por los miembros del aquelarre que se encuentren en el poder. Esto les permite a todos tener una oportunidad para liderar el coven en algún punto y vuelve sencillo remover a los líderes que abusen de su posición, así como restituir a líderes que sirven bien al aquelarre.

Algunos aquelarres utilizan una selección basada en grados para escoger a sus líderes. Los nuevos integrantes son iniciados con tareas de primer grado: como encender las velas para círculos sagrados, llenar las copas, y cantar himnos para rituales. A medida que vayas elevando tu rango al tercer grado, tienes la posibilidad de ser considerado un Alto Sacerdote o Sacerdotisa.

. . .

Un círculo sagrado es un lugar bendito donde las energías están concentradas y retenidas para realizar rituales sagrados o mantener entidades no deseadas fuera. El propósito del círculo determina sus dimensiones y cuántos miembros estarán en él.

Las brujas pueden convertirse en Altas Sacerdotisas o Sacerdotes al separarse y formar su propio aquelarre o por solicitud para reemplazar al líder que haya fallecido o sido forzado a retirarse del poder. Las Altas Sacerdotisas son responsables de las operaciones diarias del aquelarre, y se aseguran de que todos los miembros trabajen bien en conjunto.

Muchos rituales mágicos requieren el uso de poderes psíquicos. Por ello, además de buenas cualidades de liderazgo y carisma, las Altas Sacerdotisas deben poseer una gran intuición, empatía, y poderes psíquicos fuertes, para ayudar a otros miembros a desarrollar sus habilidades, moldear estos poderes, y sentir cuando están en su apogeo.

También es trabajo de la Alta Sacerdotisa santificar el círculo mágico, llamar a las deidades, elementos, y espíritus cardinales. Son responsables de liderar los bailes, cánticos, y hechizos en el aquelarre. También delegan tareas específicas a miembros capaces de llevarlas a cabo como parte de su entrenamiento.

La doncella, una bruja de segundo grado con cierto nivel de experiencia, es la representativa de la Alta Sacerdotisa en situaciones de desgracia. Aún así, su tarea principal es administrativa, como administradora de relaciones humanas que ayuda a entrenar nuevos iniciados y servir como asistente personal de la Alta Sacerdotisa, entre otras tareas. La oficina de La Doncella es usada por una sola mujer hasta que suceda a la Alta Sacerdotisa o se genere una colmena y forme un aquelarre separado. Algunos aquelarres también tienen un invocador que sirve como el administrador de la información, y es responsable de organizar los esbatos y notificarles a los miembros.

Tipos de brujas y brujos

Cuando estás empezando, no es esencial etiquetarte directamente. Poder conocer el tipo de hechicero que eres te tomará tiempo. Necesitas descubrir tus intereses y que resuena contigo. Incluso habiendo hecho este descubrimiento, la hechicería está evolucionando constantemente. Las etiquetas no son necesarias, pero tienen un propósito. Representan una manera de tener una identidad y propiedad de tu arte personal. Las etiquetas existen solo para eso, así que es innecesario estresarte sobre a qué facción perteneces. Dicho esto, aquí hay algunas etiquetas que utilizan algunas brujas:

- **Bruja hereditaria:** Una bruja nacida en una familia de brujas. Puede que practiquen el arte incluso si siguen un camino Wiccano diferente a la de sus ancestros. A los Wiccanos Hereditarios se les impone la habilidad, como a algunos personajes ficticios, o deciden abrazar la brujería más adelante. Puede que escojan practicarla individualmente o como parte de un aquelarre.
- **La bruja verde:** Esta bruja está finamente conectada con la Tierra y la magia natural. La bruja verde es curandera, una naturalista, y una criadora. Esta categoría de bruja entiende las propiedades medicinales y mágicas de las plantas y hierbas e incluye a las brujas de jardín, brujas de cocina, brujas de corazón, y brujas herbolarias. Ellas se especializan en la magia práctica para los retos del día a día, cocinar y hacer pociones, antídotos, salvias, e incluso venenos utilizados el poder de las plantas y la comida para manipular la energía y crear cambio.
- **La Bruja Cubierta:** Una que practica su magia entre este mundo y el más allá. Es extremadamente rara y muy solitaria, estas brujas usualmente son creativas o inclinadas al arte, tienen habilidades para trabajar con los animales, familiares, viajes en el tiempo, psicometría, y comunicación con espíritus. También son llamadas brujas astrales, ya que su

arte tiene elementos del chamanismo, herbolaria, y proyección astral.

- **La Bruja de Gemas:** La brujería con gemas también es llamada brujería de cristales y es una rama de la brujería verde. Estas brujas están enamoradas de la Tierra y la geología. Poseen un conocimiento profundo de los cristales y gemas y pueden usar su poder para sanación, rituales, comunión con el mundo espiritual, y protección.
- **La Bruja Cósmica:** Practican la astrología y otras formas de magia celestial. Un tipo de adivinación está alineada fuertemente con las estrellas y planetas. También, pueden escoger trabajar con hierbas, aceites, runas, y cristales.
- **Las brujas tradicionales:** La brujería tradicional, también conocida como la Religión Antigua, cubre una serie de formas no Wiccanas de brujería influenciadas por el folclor. No implica una creencia ancestral, desde el origen de los tiempos, sino que es una colección de prácticas inspiradas por la conexión con los ancestros, la participación en trabajos místicos sagrados, y fieles a un libro estricto. Las reglas son pasadas de generación en generación y son ideales para las brujas relacionadas a la magia y estructura ceremonial.
- **La bruja oráculo o adivinadora:** Son talentosas en todas las formas de adivinación, desde la aeromancia, numerología, bibliomancia, y tarot hasta runas, cristales, adivinación,

abacomancia, interpretación de sueños, y otras formas de adivinación. Usualmente son clarividentes y clariaudientes.

- **La Bruja Ecléctica:** Bruja que practica un poco de todo. En esta categoría, las brujas siguen más de un camino, utilizan las creencias que les funcionan y desechan las que no.
- **La Bruja del Pantano:** Se encuentran en los ríos y bahías del mundo, y son expertas en la comunicación con espíritus y el folclor mágico, su magia es una mezcla de magia tradicional sureña y vudú. Son creadoras de pociones talentosas e individuos extremadamente cálidos, pero nunca dé por sentada su amabilidad. Su habilidad para maldecir es legendaria.
- **La Necrómana:** Esta bruja practica la comunicación con los muertos en forma de espíritus y/o apariciones, trae a los muertos de regreso a la vida para la adivinación o con propósitos de rituales. La necromancia también es conocida como "magia de la muerte," y evolucionó del chamanismo. Los trabajos de hechicería de los necrómanos involucran la asistencia de los espíritus fallecidos.
- **La Bruja Solitaria:** Esta bruja escoge practicar su hechicería en la privacidad de su casa o algún otro lugar designado, sin la necesidad de convivir con otras brujas en un aquelarre. Muchas brujas solitarias participan en

festividades como el Samaín, Beltane, Ostara, o Imbolc.

- **La Bruja del Desierto:** Esta bruja también es conocida como la bruja del desperdicio. Prevalecen en el desierto y trabajan con la arena, huesos, y recursos limitados. Poseen una colección envidiable de cráneos y fósiles, y son famosas por volverse amigas o domesticar animales exóticos y peligrosos como las serpientes, coyotes, escorpiones, etc.
- **La Bruja del Mar:** Esta bruja realiza su práctica cerca de cuerpos de agua, preferiblemente el océano, pero un lago o estanque puede ser suficiente. Están en sincronía con los cuerpos de agua y las criaturas que existen en ellos. Puede que escojan alabar a una deidad o familiarizarse con las ninfas del mar, hadas de agua, entre otras criaturas. También son aptas para predecir el clima y tienen el pasatiempo de coleccionar agua de mar, conchas raras, y otros objetos marinos.
- **La Bruja Elemental:** Esta bruja obtiene su poder de todos los elementos, como el aire, fuego, agua, y la tierra. Han ganado el control de la naturaleza a través de la manipulación elemental. Esta es uno de los tipos de magia más difíciles de dominar, ya que estos elementos pueden ser benevolentes o destructivos dependiendo de las intenciones y habilidades de la bruja.

3

Activa a tu bruja interior

La brujería es una ciencia, un arte, y una forma de vida todo al mismo tiempo. Ya no es una práctica por la cual te queman en la hoguera, la cantidad de brujas en los tiempos modernos ha incrementado rápidamente. La Academia Americana de Religiones reconoce a la Wicca y la brujería como prácticas legítimas. De acuerdo con el Pentágono, 1,511 soldados de la Fuerza Aérea y 354 Marinos de los Estados Unidos practican este arte. El Departamento de Defensa Americano permite a los soldados Wiccanos afirmar sus creencias en sus placas de identificación.

Signos de que puedes ser una bruja

1. Tienes un sexto sentido que siempre es acertado y puede manifestar tus deseos o la presencia de una persona.
2. Tienes un aura calmante o sanadora.

3. Te mueve la compasión y un deseo por ayudar o servir a las personas. Puede que te encuentres en grupos de voluntariado o albergues, con la pasión para cambiar el mundo, y continuamente pones las necesidades de otros antes que las tuyas.
4. Eres una persona rara, alguien extraño, o quizá la oveja negra de tu familia. Puede que te sientas como alguien ajeno que ve el mundo desde una ventana dentro de tu propio castillo, te cuesta trabajo hacer nuevos amigos, y con frecuencia sientes cansancio al estar cerca de la energía de demasiadas personas por mucho tiempo.
5. Sueñas en alta definición y estos sueños no son únicamente objetos de tu imaginación como los del resto. Tienen un significado más profundo, como mensajes de guías celestiales.
6. Con frecuencia escuchas murmullos o voces de fuentes invisibles. Si ya has comprobado que no es esquizofrenia o ninguna otra enfermedad mental, puede que seas clariaudiente. Es tu elección si afinar esta habilidad psíquica o suprimirla.
7. No puedes evitar la conexión que tienes con la naturaleza. Te sientes en paz en ella y te has vuelto parte de ella. La mayoría de las brujas entienden el círculo de la vida y cómo todo está conectado.
8. Eres muy autoconsciente, muestras más empatía que la persona promedio, y eres la

personificación del dicho "ponerte en los zapatos del otro".

9. Tienes más que solo tacto, siempre sabes qué decirle a un ser querido que necesita un consejo y te mantienes lejos del drama.
10. Personas que apenas te conocen con frecuencia buscan tu opinión o te buscan para recibir un consejo. Todos te consideran alguien incondicional.
11. Puede que hayas tenido una experiencia cercana a la muerte que te pone en una situación donde estás más consciente de los misterios de la Tierra y el más allá.
12. Disfrutas de tu propia compañía y no tienes miedo de solicitarla. Amas a las personas, pero entiendes que necesitas tiempo a solas para crecimiento espiritual y desarrollar la conexión con tu ser interior.
13. Encuentras las respuestas a las dudas de la vida en la naturaleza y sientes comodidad y poder en áreas naturales como los bosques, la playa, o un parque. Tu cuerpo y sentido del humor están alineados con las fases de la luna o los cambios estacionales.
14. Eres como una esponja de sabiduría, absorbes todo el conocimiento de lo paranormal y las artes de curación ancestral. También puede que te sorprendas por las maravillas del universo.
15. Amas a los animales (incluso a los salvajes), y por ende se sienten atraídos hacia ti. Los callejos con

frecuencia te siguen hasta casa. Te das cuenta de que te puedes comunicar con ellos.
16. Encuentras opiniones y mensajes en energías, antigüedades, o apariencias en tu vida.
17. Sientes la energía y auras mejor que otras personas.
18. Te das cuenta de que tus deseos con frecuencia se vuelven realidad, incluso aquellos que deseaste en un arranque de ira.
19. Las personas se refieren a ti como un "alma vieja".
20. No puedes evitar tu necesidad de coleccionar cosas. Eres un acumulador, constantemente coleccionado huesos, antigüedades, plumas, cristales, libros, conchas, y otras piezas de energía terrestre. Cosas que ninguna persona "normal" encontraría interesantes.
21. Te cautiva el concepto de la muerte y lo que pasa después de que las personas mueren, con frecuencia sientes que tus seres queridos están a tu alrededor enviándote amor y luz de una forma u otra.

Si alguna o todas estas señales corresponden a tu naturaleza, entonces felicidades, puede que seas una bruja.

Terminología básica de hechicería

Como cualquier otro campo de estudio, la brujería tiene su propio vocabulario. Esta lista no es extensa, pero aquí escribo algunos de los términos con los que necesitas familiarizarte si quieres recorrer este camino.

Altar: Este es una superficie elevada para ofrendas religiosas y ceremonias, tales como la alabanza de un Dios y Diosa, cánticos, y realizar hechizos. Los altares frecuentemente están cubiertos en una manta que está adornada con símbolos mágicos y objetos ceremoniales como velas, incienso, cenizas, líquidos, cálices, símbolos de los cuatro elementos, etc. En las religiones Wicca y Pagana, los altares nunca son usados para sacrificios de sangre.

Amuleto: Este es un objeto inanimado que está infusionado con magia para proteger a quien lo porte del mal, la enfermedad, y la mala suerte. La palabra "amuleto" viene del latín antiguo "amuletum," que significa "línea de defensa."

Anj: El símbolo egipcio de la vida, regeneración, e inmortalidad. Mayormente tallado en los amuletos y talismanes para disipar el mal y traer la buena fortuna.

Posición de flecha: Una postura similar a los mudras occidentales y los asanas. Es común en rituales paganos y wiccanos, los miembros ponen sus pies juntos y alzan sus manos justo sobre su cabeza con las palmas de sus manos tocándose.

Átame: La daga de una bruja que usa para propósitos ceremoniales. Usualmente está hecha de hierro o acero, de doble filo, con una empuñadura negra. El átame es un símbolo fálico. Penetrar el cáliz simboliza la unión de las energías femeninas y masculinas. Representa el elemento aire en rituales mágicos y es usado para marcar círculos mágicos, nunca para cortar. Si existe la necesidad de cortar, las brujas utilizan un boline.

Auto-da-fé: Expresión en portugués que significa "acto de fe." Era una ceremonia pública llevada a cabo por los gobiernos españoles y portugueses durante la inquisición antes de pronunciar un juicio. Los castigos en estos tiempos venían en distintas formas, pero la más popular era ser quemado hasta la muerte.

Un año y un día: La longitud temporal estándar de la mayoría de las tradiciones paganas. En la Wicca, es el tiempo acostumbrado que un iniciado estudia para continuar al siguiente grado de brujería.

. . .

Baba Yaga: También llamado el "piernas huesudas," el Baba Yaga es una bruja Eslava legendaria que es conocida por ofrecer sanación. Contrario a la terrible manera en la que es pintada, existe una historia más profunda detrás de la Baba Yaga. Brinda un balance entre la muerte, el renacimiento, los bosques oscuros, la enfermedad, la sanación, y la sabiduría profunda. Su energía es más fuerte en el otoño, justo antes del Mabon y el Samaín.

Befana: Esta es una bruja buena en el folclor italiano conocida por darle regalos a los niños en la Epifanía. Otros países tienen a Santa Claus.

Campana, libro, y vela: Esta práctica se originó de una costumbre católica para excomulgar a las brujas. El sonido de una campana significa el número de muertos, y cerrar un libro (la biblia) y soplar una vela representa la removida del alma de una persona de la vista de Dios.

Besom: Es la escoba de una bruja. Las cerdas están colocadas en un círculo y hechas de ramas amarradas a un palo.

El libro negro: Ahora llamado el Libro de las Sombras, después de haber sido influenciado por Gardner, las brujas inicialmente usaban el "Libro Negro" para escribir recetas, canticos, y hechizos.

Bendito seas: Un saludo wiccano famoso, a veces se acorta como "BB" (por sus siglas en inglés: Blessed Be)

Bodkin: Un instrumento similar a un pin que se usaba para torturar a las brujas. Los bodkins fueron usados durante el frenesí de quema de brujas cuando eran acusadas de vender sus almas al diablo por poder y de tener una marca (la marca del diablo) en su cuerpo. De acuerdo con la iglesia y gobierno que las oprimían, tener la marca del diablo significaba que la bruja no sentiría dolor y jamás sangraría. Los Bodkins fueron usados para "picar" a las brujas hasta que esos puntos fueran descubiertos en sus cuerpos.

Boline: Un cuchillo en forma de luna creciente con empuñaduras blancas que eran populares en las tradiciones Druidas y Wiccanas para hacer incisiones, cortar hierbas, o escribir símbolos en madera o cera.

El Libro de las Sombras: Acordado como "BOS" (por sus siglas en inglés, Book of Shadows), fue introducido por el renombrado Gerald Gardner. La bruja lo hace con cuero o una tela suave para cobertura y pergamino o papel hecho a mano para las páginas. Es un libro de rituales, cánticos, hechizos, creencias, y éticas que debe guiar a una bruja en la realización de su magia.

. . .

Tradicionalmente, existía una sola copia resguardada por la Alta Sacerdotisa o Sacerdote, pero hoy en día, otros miembros del aquelarre tienen sus propios Libros de las Sombras, que deben ser destruidos cuando el dueño muere.

Pasteles y vino: También llamada pasteles y cerveza. Esto es compartir refrigerios relajadamente para terminar un ritual. El Alto Sacerdote o Sacerdotisa primero debe de probar la comida antes de compartirla con el grupo.

Cantrip: Una frase escocesa que se refiere a un hechizo mágico pequeño. También puede referirse a hechizos que se leen igual al derecho y al revés.

Caldero: Una tetera de hierro u olla para hacer fogatas, quemar incienso, preparar festines mágicos, pociones, y otras preparaciones sobrenaturales. En los tiempos modernos, las brujas utilizan ollas caseras que consagran para poder hacer magia.

Incensario: Un contenedor pequeño para quemar incienso, hierbas, y químicos para purificar el aire, elevar las energías vibracionales, e invocar espíritus antes de un ritual.

. . .

Cáliz o Copa: Esto representa el elemento agua. Es usado para contener agua o vino para sacrificio. Cuando se alza, el cáliz representa una matriz lista para contener o recibir. Un cáliz invertido significa renacimiento y realización.

Circe: Esta es una hechicera griega popular por sus encantamientos. Es famosa por convertir a los hombres de Odiseo en cerdos. En muchas leyendas, ella es la hija de Hécate, la diosa patrona de la magia.

Cíngulo: Palabra en latín para "cinturón" o "faja." Es la cuerda de una bruja consagrada, usualmente medía nueve pies de largo. Es usada para marcar un círculo sagrado y es típicamente usado en la cintura de la bruja como un cinturón de karate para indicar su rango o nivel de iniciación.

Bolsas de encantamientos o conjuros: Estas son bolsas de cordón usadas a la cintura o el cuello que contienen objetos mágicos de diferentes tipos, desde huesos, sulfuro, y sales, hasta uñas, hierbas, y gemas. Estas bolsas son populares en la práctica del vudú.

Bruja de receta: Una bruja que intenta aprender magia usando un libro.

. . .

Aquelarre: Un grupo de wiccanos o brujas, el número de miembros varía entre trece hasta veinte, aunque el número tradicional es de trece.

Cowan: Personas no iniciadas, es decir, cualquier persona que no sea wiccana o bruja.

Nombre de artesana/o: Un nuevo nombre que recibe una bruja después de su iniciación. La mayoría de estos nombres provienen de las deidades favoritas de la bruja.

Cruzar el puente: Un funeral.

Corona: Una banda delgada de plata y oro con una luna creciente al frente, junto con el cíngulo, representa el rango dentro del aquelarre.

Grado (de hechicería): Los cuatro grados de hechicería son neófito o primer grado, fase media o segundo grado, segunda fase media, y con plumaje completo o tercer grado. Cada grado tiene un símbolo único – un triángulo invertido, un pentagrama, y un triángulo sobre un pentagrama. Algunas brujas escriben estos símbolos después de sus nombres.

. . .

Dedicante: Alguien que es devoto a estudiar con un aquelarre.

Deosil: En el sentido del reloj, en la ortografía galesa. Indica la dirección del este al oeste. Es conocido como el curso de la prosperidad y es la dirección comúnmente usada para el hechizo, círculo de ritual, o danza de una bruja.

Diana: Diosa romana considerada la Diosa de las brujas. Artemis es su contraparte griega.

Bajando la luna: Drawing down the moon, en inglés. Es un ritual esencial en la religión Wiccana donde la Alta Sacerdotisa se convierte en la diosa encarnada. Es realizada en la primera noche de luna llena durante la hora de las brujas. *Drawing down the moon* también es un libro escrito por la Sacerdotisa Wiccana Margot Adler.

Bajando el sol: Un ritual similar al de bajando la luna, pero para invocar al dios cornudo.

Anciano: En algunos aquelarres, eres un anciano si has liderado un aquelarre por más de nueve años.

. . .

Ostara: También llamado el festival de los árboles y el día de la mujer. Es celebrado durante el equinoccio de primavera (Marzo 21 en el hemisferio norte) y es uno de los sabbats menores.

Esbatos: Un ritual lunar para celebrar a la diosa y su energía. Doce esbatos coinciden con los doce meses del año. Esbato también puede significar una reunión regular del aquelarre. Su frecuencia depende de ellos.

Familiares: Espíritus de bajo rango en formas de animales que sirven a las brujas como espías, protectores, y compañeros. En la brujería, los gatos son priorizados como familiares, ya que son muy sensibles a vibraciones psíquicas, energías negativas, y el poder. Esto es por lo que están permitidos en los círculos mágicos. En la época medieval, las brujas africanas preferían a los búhos, hienas, babuinos, y murciélagos, mientras que las brujas europeas preferían a los perros, gatos, y ranas.

Grimorio: Libro de texto de magia.

Halloween: También llamado Samaín, o la Noche de Todas las Reliquias. Reconoce los frutos de la tierra y las almas de los que han partido.

. . .

Rito de unión de manos: Un ritual de matrimonio wiccano.

Hécate: La Diosa patrona de la magia en la mitología griega. Se asocia con el conocimiento de las hierbas, fantasmas, nigromancia, decisiones, brujería, y la noche.

El Dios Cornudo: Cernunnos (Celta), también conocido como Pan, Zeus, Thor, Adonis, o Hugh. Es representado por un cabrío o un objeto de lujuria.

Iniciación: Rituales que dan la bienvenida oficial al aquelarre a una bruja aspirante después de sus estudios wiccanos.

Matriarcal: Enfocado en las mujeres.

Pentáculo: Un símbolo terrestre. Es una estrella con cinco puntas, con una de ellas apuntando hacia arriba con un círculo a su alrededor, esto lo diferencia del pentagrama Satanista. Este es el símbolo más importante de la brujería. Los pentáculos invertidos sin un círculo son comúnmente asociados con la Iglesia de Satanás, y por esta razón, los wiccanos pocas veces lo usan en rituales para evitar esa relación.

. . .

Marioneta: Las marionetas están hechas de lodo, tela, seda, paja, cera, o madera con pedazos de piel, uñas, cabello, y hierbas. Están hechas para diferentes propósitos como un hechizo de amor, un hechizo de protección, o una maldición.

La regla de tres o la triple ley: Un principio seguido por los Wiccanos, ocultistas, y brujas por igual. La ley del Karma dice que:

Siempre toma en cuenta la regla de tres,
Tres veces tus actos volverán a ti
Esta lección debes bien aprender
Solo obtendrás lo que debes obtener

Círculo sagrado: Este círculo de tradicionalmente nueve pies de circunferencia es dibujado en el aire usando un átame. El círculo tiene poder cósmico concentrado y representa un plano entre este mundo y el mundo de los dioses.

Sabbat: Celebración del recorrido de la Tierra alrededor del Sol (La rueda del año) a través de la poesía, canción, danza, y actuación. Existen ocho rituales sabbaticos:

- Yule o el solsticio de invierno (Diciembre 21 – HN, Junio 21 HS)
- Imbolc o Candlemas (Febrero 1 – HN, Agosto 1 -HS)

- Ostara (Equinoccio Vernal en Marzo
- Beltane (Abril 30 – HN, Septiembre 21 – HS)
- Litha (Solsticio de verano en junio 21 – HN, Febrero 2 – HS)
- Lughnasadh (Agosto 1 – HN, Febrero 2 – HS)
- Mabon (Equinoccio de otoño en Septiembre 21 – HN, Marzo 21 – HS)
- Samaín (Octubre 31, en ambos hemisferios)

Nota: HN = hemisferio norte y HS = hemisferio sur

Adivinación: El arte de mirar en un médium (un espejo negro, tazón de agua, o bola de cristal) para recibir visiones o mensajes.

Auto dedicación: Ritual personal donde una bruja se rededica al servicio de la Diosa y su consorte, el dios cornudo.

Se realiza en frente de un altar o con el aquelarre de la bruja, se coloca sal de mar, iluminan velas, y la unción de los ojos, boca, nariz, pechos, muslos, y pies con una mezcla de agua y vino.

Vara: El símbolo de la invocación espiritual. Las varas representan el elemento fuego y son tomadas de las ramas de árboles que están en arboledas sagradas.

Las mejores varas están formadas de árboles que son sagrados para la Diosa, como el sauco, muérdago, roble, serbal, avellana, y el sauce. Los wiccanos inscriben un pentagrama y su nombre de artesano en sus varas y luego las bendicen usando el nombre de la diosa. La fuerza de una vara es determinada por la voluntad de la bruja que la porte.

Hora de las brujas: Existe mucha confusión sobre cuándo ocurre esta hora, pero la mayoría la consideran entre las 12am y 3am. Es el momento donde la barrera entre este mucho y el mundo de los muertos se vuelve más delgada, así que las entidades sin descanso pasan sin problema.

Rede Wicca: Un conjunto de códigos morales que guían a los Wiccanos. El más popular es que promueve el uso de la magia con responsabilidad: Este dice: "Haz lo que quieras, y no dañes a nadie." Lo que significa: mientras tu magia no dañe a otros, entonces está bien.

Mitos populares sobre las brujas

Si le preguntas a cualquier transeúnte lo que es una bruja, puede que te digan algo como "mujeres con largas narices y sombreros puntiagudos, escobas, animales, calderos ardientes, y hechizos." No puedes culparlos. La representación de personajes como la bruja del Mago de Oz o la bruja de Blair afectan directamente a los estereotipos que las rodean. A continuación, escribiré algunas de las falsas teorías sobre las brujas y la verdad detrás de ellas.

Para ser una bruja tienes que ser Wicca: Esto no podría ser más incorrecto. Tu habilidad para manejar la energía en forma de plantas, hierbas, rituales, hechizos, o leer las estrellas te identifica como una bruja, sin importar la religión a la que estés afiliada. Tampoco tienes que provenir de una línea familiar de brujas para ser una. Este no es un caso de sangres puras contra mestizos.

Las brujas son mujeres, mientras que los hechiceros u conjuradores son hombres: La brujería no es específica de un género. El lenguaje es un concepto fluido y propenso al cambio. Cualquier persona es libre de etiquetarse como una bruja, y nadie tiene el derecho de juzgar las condiciones por las cuales los practicantes de brujería deciden etiquetarse de alguna forma. La palabra "conjurador" es un término derogatorio usado por las brujas para describir a un hechicero masculino que es un traidor, desterrado, o cualquiera que practique magia oscura o de sangre.

Hombres y mujeres han practicado la magia desde que podemos recordar, pero las mujeres han pagado el precio de ello con sus vidas. El estereotipo de las brujas mujeres es probablemente el resultado del hecho de que muchas personas ejecutadas por hechicería eran mujeres.

El Malleus Maleficarum, un tratado católico sobre la brujería, acusó a las mujeres de ser más vulnerables a las supersticiones demoníacas gracias a su naturaleza celosa y temperamento malicioso. Por esto, en muchas tradiciones mágicas, las mujeres son referidas como superiores ante sus contrapartes masculinas.

Las brujas son malas, vuelan en escobas, y comen bebés para mantenerse jóvenes: Este mito es una consecuencia directa de las películas de Hollywood, el fanatismo religioso, y la cultura popular. Las personas pueden ser buenas o malas. La maldad es una debilidad de carácter innata. No tiene nada que ver con la brujería.

¿Por qué pasarían el estrés de matar a un niño cuando el hidratante facial y bloqueador solar han sido inventados? Los bebés son bonitos en los ojos de todos, incluidas las brujas. Las brujas tienen bebes propios. No, no comen colas de salamandra u ojos de tritón. Cocinan comida regular y compran pizza de vez en cuando, como todos. Ahora, sobre la idea de que las brujas vuelan en escobas. Es absurdo, pero hay una razón por la cual casi todos piensan así.

. . .

En la edad media, las mujeres hacían ungüentos con cornezuelo, un hongo alucinógeno que crecía en el centeno. Los insertaban vaginalmente usando palos de escobas. No volaban – al menos no literalmente. Pero sí se "elevaban" gracias a las drogas. También existe una leyenda urbana sobre rituales paganos que involucraban a brujas que simulaban volar sobre escobas para fomentar el alto rendimiento de cultivos.

Las brujas ponen maldiciones y maleficios sobre cualquiera: Ambos son tipos de hechizos que son impuestos para causar daño a alguien o algo. El primero hace daño permanente, y el segundo causa daño temporal. La magia puede ser el medio por el cual una bruja canaliza sus intenciones en el mundo, pero muchas tradiciones Wiccanas se apegan a la Regla de Tres, que dice que cualquier tipo de magia que traigas al mundo volverá a ti triplicada. Esta visión ayuda a las brujas a practicar su magia responsablemente y, por ende, evitar poner maldiciones.

Ser una bruja es caro: No hay necesidad de vaciar tu cartera o sobrepasar tus tarjetas de crédito para convertirte en una bruja. Existen muchos recursos gratuitos sobre las Wicca en línea. También existen aquelarres en línea a los que puedes acceder sin ningún costo. Algunas herramientas para tu altar pueden ser compradas en las tiendas de segunda mano.

. . .

A medida que leas más sobre la brujería, te darás cuenta de que las herramientas "de brujas" están alrededor de ti, desde tu alacena hasta tu colección de especias. Pero, si tienes un par de monedas extra para gastar en átames, cristales, varas, y otras herramientas, existen tiendas en línea que se especializan en ello.

Todas las brujas usan negro: No hay duda de que el color negro es un color hermoso, pero muchas brujas disfrutan de los colores vivos. No usan sombreros puntiagudos. Algunas usan fedoras y lentes de sol, mientras que otras aman las capas de terciopelo y medias de red negras, y otras se sienten más cómodas con una camiseta y un par de vaqueros prácticos. Algunas tienen sus propias marcas de moda. Y sí, aunque algunas brujas aman el concepto de las palomas mensajeras, los métodos tradicionales de mensajería local son suficientes para ellas.

Las brujas adoran al diablo y tienen gatos negros: Primero, el Diablo es un concepto cristiano y no tiene nada que ver con la brujería. Algunas brujas adoran a Cernunnos, el Dios Cornudo galés, que los puritanos confundieron con el diablo. La brujería no conlleva vender tu alma por poderes mágicos.

Con respecto a los gatos negros, los druidas y celtas los amaban.

Simbolizan la buena suerte, prosperidad, amor, y protección. Ya que los cristianos lanzaron una cruzada en contra de los no cristianos, estos felinos adorables fueron bautizados como malignos. Los puritanos afirmaban que los gatos eran brujas en forma animal. En la edad media, los gatos fueron condenados por el Papa Gregorio IX y masacrados por la iglesia católica. Esto llevó a una infestación de ratas y después a la plaga bubónica o "la peste negra", que fue una de las plagas más horribles en la historia humana.

La brujería conlleva memorizar versos en latín antiguo para realizar hechizos: Memorizar encantamientos y bendiciones son una parte importante de la brujería, pero no es un prerrequisito para convertirte en una bruja completa. Practicar rimas y poemas puede tener la habilidad de ayudarte a entrar en un estado trascendental o conectarte con fuerzas naturales, pero el verdadero poder de cada hechizo no se encuentra en las palabras, sino en la fuerza y pureza de la intención.

Para ser una verdadera bruja debes pertenecer a un aquelarre: La palabra aquelarre se popularizó en 1921 cuando Margaret Alice Murray lo volvió común al usarlo para describir una reunión de brujas. Los aquelarres son perfectos si te interesan, pero la brujería es un camino personal. La hechicería es un camino para aceptar tu propio poder. Encuentra lo que funcione para ti y sigue tu instinto.

. . .

¿Tienes la fortuna de presenciar una reunión que te ayude a crecer como bruja? Entonces puede que quieras unirte a ellos, y eso está bien, pero tú eres una bruja solitaria que prefiere trabajar por su cuenta, práctica como lo consideres adecuado. No te vuelve una mejor o peor bruja.

Las fases lunares y su significado para la brujería

Las brujas están enamoradas de la luna y pueden acumular el poder del ciclo lunar para sus hechizos. Las brujas piensan en el sol como energía masculina y la muna como energía femenina o la energía de la Diosa.

Luna nueva: Esta es la fase primaria de la luna y también conocida como la luna creciente. Se asemeja a la letra "D" o la sección derecha de un paréntesis. Enfatiza un nuevo comienzo. La mayoría del tiempo, el cielo es oscuro, sin que la luna esté a la vista. Es el momento ideal para identificar nuestra sombra o las partes de nuestro ser que mantenemos escondidas. Puedes realizar hechizos para dejar ir el pasado, establecer nuevas intenciones para el ciclo entrante, y dejar ir a las personas tóxicas y hacer espacio para mejores.

Luna creciente: La luna se incrementa gradualmente en tamaño, más grande que la luna nueva, pero no tan grande como la luna llena.

Es ideal para hechizos que alientan la carrera y el avance en tus relaciones, carrera, y cualquier otro aspecto de la vida. ¿Quieres un nuevo trabajo o un ascenso? O quizá quieres renovar la chispa de una relación aburrida. Esta Fase es la perfecta para establecer esas intenciones.

Luna llena: Esta es la fase más poderosa de la luna. Los poderes físicos y la intuición se incrementan, y la potencia de todos los hechizos realizados durante este periodo se duplica. Es común que las brujas carguen sus cristales o hagan agua de luna usando esta fase. Algunas brujas combinan el poder de la luna llena con magia sexual.

Luna menguante: La opuesta a la luna creciente, su brillo se reduce a medida que vuelve a la fase de luna nueva. Esto es ideal para deshacerse de la duda, el comportamiento de autosabotaje, trato injusto, e inseguridades. En este momento querrás establecer intenciones para deshacerte de todas las cosas que ya no quieres experimentar en tu vida.

Luna oscura: Esta fase no está comúnmente incluida en las cuatro fases principales y se confunde con frecuencia con la luna nueva. Esta fase dura de uno a tres días, dependiendo de la posición de la tierra y la distancia al Sol.

. . .

La luna en esta fase no es visible. Apoya a la soledad, búsqueda del alma, y un periodo para alejarte de cosas y personas que no necesitas, así que puedes encontrarte a ti misma y averiguar lo que es más importante para ti.

Fases intermedias o secundarias de la luna:

Cuarto menguante: La luna se adelgaza y su luz disminuye hasta que desaparece por completo.

Cuarto creciente: Esta fase sucede después de la luna oscura. Es el primer cuarto de la luna menguante y tiene el plateado creciente de la luna, menos que una media luna.

Menguante convexa: También llamada tercer cuarto.

Sucede después de la luna llena mientras la luz se reduce continuamente.

Creciente convexa: El tamaño de la luna incrementa y es más de la mitad después de la creciente y el primer cuarto.

Los mejores días para practicar magia lunar

Incluso con las fases lunares, algunos días tienen energías más adecuadas para ciertos tipos de magia lunar.

Domingo: Asociado con el Sol, este día es adecuado para temas sobre el bienestar, metas, oportunidades laborales, agricultura, asociaciones profesionales, problemas cívicos, y salud mental.

Lunes: Asociado con la luna, los lunes están llenos de energía femenina, y es el mejor día para incrementar la intuición y la sabiduría, regresión a vidas pasadas, crecimiento espiritual, medicina curativa, capacidades culinarias, y belleza.

Martes: Asociado con Marte, los martes están llenos de energía masculina. Es un día para lidiar con problemas de naturaleza física como el estado físico, rendimiento físico y sexual, rituales de protección, problemas con los oficiales de la ley, y nuevos comienzos. Es el mejor día para hacer pruebas, cirugías, y adoptar una mascota.

Miércoles: Asociado con el planeta Mercurio, los miércoles coinciden con los problemas de artes y comunicación, educación, creatividad, curación, y memoria. Es el día ideal para pensar creativamente.

. . .

Jueves: Asociado con Júpiter, este es el mejor día para perseguir objetivos religiosos y ajenos, actividades al aire libre, suerte, investigación, crecimiento personal, competencias deportivas y salud mental y espiritual. Competencias deportivas y manifestaciones de riqueza son buenas en este día.

Viernes: Asociado con venus, los viernes están simbólicamente conectados con la Diosa del amor. Este es el día perfecto para el amor, placer, fertilidad, uniones, y concentrarse en relaciones, música, citas, y expresión personal. La luna creciente del viernes es la receta perfecta para conjurar el amor o la cita perfecta. No es sorpresa que las fiestas y reuniones eran en viernes.

Sábado: Asociado con saturno, este es el día de la transformación, protección, y limpieza espiritual. También es el día para deshacerte de hábitos, personas, cosas, y pensamientos que son dañinos para tu persona. Por ejemplo, la luna menguante en un sábado es el día perfecto para sacar a un inquilino problemático o un invitado que ya no es bienvenido.

4

Herramientas del arte mágico

Las herramientas y prácticas varían de tradición en tradición y de bruja a bruja. Dicho esto, las herramientas ayudan a canalizar energía mágica, pero son opcionales. La herramienta más importante para realizar hechizos es la voluntad de quien los invoca, sin ella el resto de los objetos son inútiles. A continuación, te describiré unas cuantas herramientas con las que puedes empezar. No tienes que tener todas, puedes usar tu ingenio cuando estés realizando tus hechizos.

No permitas que la falta de herramientas te impida hacer magia.

Herramientas mágicas para principiantes

· · ·

Átame o athame: Es un cuchillo ceremonial que simboliza la energía masculina, el elemento fuego, y, en algunos aquelarres, el elemento aire. Llamado Yad-Dirk por los sajones, tiene una empuñadura negra y una hoja de doble filo, a veces tiene forma de creciente para representar a la luna. Es usado para dirigir energía mágica, hacer círculos de ritual, desaparecer energías negativas, y conducir rituales de invocación. No es una herramienta para cortar, y puede se le pueden tallar runas o sigilos. Algunas brujas hereditarias creen que los átames nunca deben de estar hechos de metal porque interrumpen la energía terrestre. Por esta razón, las brujas tradicionales hacen sus átames de pedernal.

Campanas: Estas son comunes en las tradiciones paganas. El cuerpo de una campana simula las figuras ancestrales de los genitales humanos, la manija representa el falo y el cuerpo una vulva. Otros semiólogos afirman que el cuerpo de la campana representa una matriz y la manija el niño que lleva dentro. Por esta razón, la mayoría de las campanas wiccanas tienen una forma similar a la figura de una mujer.

Las brujas utilizan las campanas con manija para remover el ojo maligno, invocar o destituir entidades, realizar rituales de limpieza, facilitar el proceso de curación, y empoderar hechizos de fertilidad. Las campanas que están colgadas en superficies o entradas funcionan como amuletos de protección o perros guardianes mágicos en contra de espíritus malignos.

Algunas sectas toman pociones de la parte de una campana que parece una copa, ya que se cree que incrementa la potencia de remedios herbolarios.

Boline: Un cuchillo usado para cortar durante los procesos de hechicería y rituales mágicos. Tradicionalmente porta una hoja de doble filo y una empuñadura blanca, en contraste al átame. Piensa en el boline como un cuchillo práctico y el átame como un cuchillo ceremonial. La diferencia en los colores de las empuñaduras facilita su identificación y previenen a las personas de profanar el átame. Puedes usar un cuchillo estándar como tu boline. Los bolines son usados para cortar hierbas, tallas inscripciones, y cortar telas, hilos, o cordones.

Besom o escoba: Una de las herramientas fundamentales para el altar en la brujería. Representa las energías masculinas y femeninas. El palo es la fuerza masculina insertada en la femenina representada por las ramas o paja. Las escobas han sido conectadas a la brujería durante siglos con la creencia popular de que servían como medios de transporte. Las escobas sirven como una herramienta para cruzar entre planos y barrer un área y limpiarla de escombros físicos y energéticos.

También son usadas para barrer marcas de pies, ya que estas marcas son vulnerables a magia maligna.

Quien quiera hacerte daño puede hacerlo usando las huellas de pies o zapatos que hayas dejado atrás. Las escobas son uno de los atributos sagrados de Hécate, y hoy en día se han convertido en un símbolo de la brujería que es orgullosamente portada por los wiccanos en memoria de los días de quema de brujas. Son fáciles de hacer, aunque hay algunos bellos ejemplares en tiendas en línea. La besom tradicional tiene una agarradera de fresno, uniones con sauce, y pincel de abedul, pero puedes usar las herramientas que tengas a la mano, como con todo lo demás.

Libro de las Sombras: Un libro de textos e instrucciones mágicas usado en varias religiones paganas, la Wicca incluida, para tomar notas sobre hechizos, rituales, y otras invocaciones.

Burine: No lo confundas con el remedio diurético, esta es una herramienta afilada usada por las brujas para tallar símbolos, palabras, o diseños sobre objetos sobrenaturales.

Los Burines pueden ser uñas, pines, o puntos de cristal.

Velas e incienso: Son un aspecto esencial de la brujería y tienen un campo entero dedicado a su estudio.

. . .

Son variadas y fáciles de encontrar, son convenientes para las brujas que se mantienen en el closet para poder realizar sus prácticas abiertamente.

Compás: Muchos rituales y prácticas de alineación de energía involucran los cuatro puntos cardinales, y la bruja que tiene un pobre sentido de la orientación necesita un compás para orientarse correctamente.

Cristales: Estos sirven como materiales y herramientas psíquicas. Diferentes cristales son asociados con diferentes poderes y elementos. Son usados para muchos rituales, desde crear un círculo sagrado hasta limpiar y cargar otras herramientas mágicas, y ayudarte a mantener tu concentración durante la manifestación de hechizos.

Cartas: Son herramientas populares de adivinación y hechicería. Hay diferentes cartas para adivinación, meditación, y otros usos, pero las cartas del tarot son las cartas de adivinación más populares. En la época medieval, los cristianos las llamaron el libro de colorear del diablo e interpretaban la presencia de un mazo en el hogar como un pecado.

Fueron inventadas en Asia oriental, y aún existe un poco de controversia sobre si estas cartas tienen origen coreano o chino.

El tarot corresponde a varias herramientas mágicas como el pentáculo, cáliz, entre otras. El mazo sobreviviente más antiguo es el mazo de Visconti-Sforza.

Calderos: La palabra "caldero" se origina del latín "caldarium," que significa "baño caliente". Representa el elemento agua y la energía femenina, también significa la matriz universal y la resurrección. En los jeroglíficos egipcios antiguos, el símbolo de la mujer era una olla o caldera. El caldero más famoso de la historia es de plata dorada **Gunderstrup** de 1891, y se encuentra resguardado en el Museo Nacional de Copenhague.

Los calderos son usados en los hechizos para hacer pociones, encender una fogata, quemar velas, cocinar comida, hacer medicina, y conducir magia dañina. Por ejemplo, cubrir una marioneta con uno significa sepultar al enemigo. Tradicionalmente, el hierro fundido es el metal preferido para hacerlos, pero otros materiales como la cerámica, porcelana, latón, y cobre también pueden servir.

Protege tu caldero del óxido, recúbrelo con grasa o aceite y caliéntalo a 190 grados centígrados. Si tu caldero está oxidado, puedes usar el truco del refresco de cola. Pon un poco de la gaseosa dentro del caldero y déjalo reposar toda la noche. Lávalo al día siguiente usando un estropajo de metal.

Cáliz o copa: Una copa para beber o un contenedor correspondiente al elemento agua, este es un símbolo de energía femenina o la matriz de la Diosa y comúnmente hecha de playa para representar la energía lunar. El cáliz más famoso es el Santo Grial. Compartir un cáliz durante ritos con otros miembros del aquelarre demuestra unidad y conexión de propósitos. Los cálices también son formados de vidrio índigo o cristal. El Gran Rito Wicca es celebrado al insertar un átame dentro de un cáliz.

Cordones: Los cordones y nudos tienen muchos usos mágicos. Los cordones pequeños se usan en hechizos de nudos para manifestar un deseo, comando, anhelo. Los nudos también son usados para el sexo, amor, protección, sanación, y maldiciones. El cordón largo o cíngulo se ata en nueve nudos, y en estos nudos reside el poder del cíngulo. Cuando se entrenzan pueden ser usados para rituales de unión, generar círculos sagrados, forjar hechizos del clima, y medir la circunferencia del círculo del aquelarre.

Bola de cristal: Esta ha sido usada desde los principios del siglo 19 por clarividentes y brujas como una potente herramienta de adivinación. No es tan común hoy en idea, pero aún es relevante en la brujería. Es un globo redondo formado de cristal, y viene en diferentes colores. Está asociada con el agua y la feminidad. También es usada para invocar espíritus y la comunicación chamánica.

· · ·

Una bola de cristal de calidad es una inversión considerable, por ello no son tan populares como las cartas del tarot. Cuando no están en uso, las bolas de cristal son cubiertas con una tela o mantenidas dentro de una caja opaca y limpiada usando elementos mágicos, humo de incienso, y agua de manantial con flores herbales.

Cuernos y cornucopias: Estas se mantienen en el altar y son usados para invocar espíritus. Algunas sectas wiccanas usan el cuerno como un cáliz durante rituales, y pueden ser adheridas a distintos elementos durante festividades cuando un Alto Sacerdote imita al dios cornudo.

Máscaras: hechas de cristal, madera, barro, tela, cáñamo, plumas, papel maché, y una variedad de materiales, sirven como portales ceremoniales y permiten al portador entrar en un reino mágico. También ofrecen protección de fuerzas malignas, actúan como escudos o talismanes, y son receptores de fuerza divina. Las máscaras son usadas para cubrir los rostros de los difuntos y sirven como ofrendas votivas. En la era medieval, las brujas usaban máscaras completas o a la mitad para mantener la anonimidad y evitar su captura.

Espejos: Los espejos de hoy en día están hechos de vidrio. Los espejos antiguos estaban hechos de cobre que era pulido hasta volverse reflejante.

. . .

Los espejos son usados en hechizos protectores, magia de amor, adivinación, e invocación de espíritus. Son asociados con deidades como Oshun, Venus, y Hathor y son prevalentes en muchas religiones como la Azteca, Celta, y la magia folclórica.

Mortero y majadero: Antes referidos como un método de transportación, el majadero y el mortero son viejas herramientas primarias de molienda. En la brujería, son usados para aplastar hierbas y hacer ungüentos para diferentes propósitos.

Las herramientas modernas pueden ser usadas para el mismo propósito, pero el mortero y majadero son simbólicos porque se pone en contacto con tus materiales de hechicería y las intenciones deseadas de una forma que un aparato electrónico no puede imitar.

El molcajete y tejolote son hechos de piedra volcánica y son tradicionales mexicanos. Hoy en día, están hechos de vidrio, mármol, piedra, y terracota.

Pentáculo: Es una herramienta Wiccana fundamental que representa el elemento Tierra.

. . .

El pentáculo sirve como un emblema, amuleto protector, o talismán, como la cruz para los cristianos y el hexagrama para los judíos. El pentáculo más antiguo se remonta hasta 4000 CE.

Cuencos: Una aleación de siete metales (oro, antimonio, cobre, mercurio, plata, hierro, y aluminio) mantenido en el altar para atraer energía cósmica harmoniosa en la forma de sonido, para purificar un espacio, afinar los chacras, y ayudar en los viajes astrales y hechizos.

Stang: Una vara que se divide en dos en la parte superior que era usada en rituales Wiccanos. Las bifurcaciones en el stang representan los cuernos del Dios Cornudo. Los stangs eran usados en la hechicería e invocación de espíritus. También sirven como un compás cuando son puestos al norte de un círculo sagrado y un punto focal al cual dirigir tu energía. Puedes hacer el tuyo en casa usando una rama de olmo, fresno, magnolia, y un cuchillo para tallar.

Varita: Esto corresponde al elemento fuego y tradicionalmente tiene seis pulgadas de longitud, aunque puedes ajustar el largo para tu comodidad. Las primeras varas eran de madera y cortadas de árboles de tejo, sauce, serbal, o roble. El árbol de avellana tiene la mejor madera para hacer varas, después viene el fresno, serbal, o sauce que hayan sido cortados durante la luna creciente o la luna llena.

Hoy en día, las varas pueden ser hechas de vidrio o metal y adornadas con gemas. Son usadas para canalizar o dirigir energía. Contrario a lo que viste en una de las populares novelas de hechicería moderna, tú puedes escoger tu propia varita. Lo sentirás en tus adentros cuando hayas encontrado la correcta. Aun así, tu vara no es más que una rama hasta que la llenes de poder e intenciones.

Date la libertad de crear tus propias herramientas si tienes habilidades de forja o carpintería. Si escoges comprar una, pregunta sobre su historia y asegúrate que no haya sido profanada por sangre.

Limpieza y guardado de las herramientas mágicas

Las Herramientas y cristales son purificados con agua bendita hecha de mezclar agua de manantial con agua de mar bajo la luna llena. Los cristales, como otras herramientas mágicas, absorben energía, pensamientos, y emociones por un largo tiempo. Hay una variedad de maneras para limpiarlos:

1. Usa agua corriente y un jabón sutil
2. Límpialos energéticamente frotándolos con un pedazo de citrino
3. Déjalos bajo la luz de la luna o del sol por un periodo corto de tiempo

4. Entiérralos en un plato de arroz integral o tierra
5. Mójalos en agua de mar o agua salada
6. Purifícalos usando incienso o mánchalos con salvia blanca

Cada vez que utilices una herramienta para un propósito mágico, es necesario limpiarla. También, purifica tus herramientas si alguien más las utiliza. De esta manera, la energía de otra persona no interfiere con tus hechizos.

Mientras las limpias, visualiza una luz azul circulando a través de ellos.

Como cualquier otra reliquia valiosa, quieres proteger tus herramientas y guardarlas cuidadosamente. Puedes elegir exhibirlas en un altar, mientras esté fuera de la vista para evitar que otros toquen los artículos. Mantén las herramientas envueltas en bolsas de terciopelo o seda, y guárdalas en un armario o alacena, cajas, o cajuelas para protegerlos de la contaminación por polvo, luz solar, y vibraciones energéticas.

Cargar las herramientas y cristales

"Cargar" se refiere al proceso de dedicar y consagrar herramientas para tu propósito, transformar objetos simples en elementos mágicos. Puedes cargarlos de las siguientes maneras:

Usando los cuatro elementos: esparce un poco de agua de mar o agua con sal de mar en tus herramientas y di; "Con la tierra y el agua, impongo en ti mi voluntad." Enciende una vela o algo de incienso y sostenlo en el humo por un par de segundos diciendo: "Con el fuego y el aire, impongo en ti mi voluntad." Asegúrate de limpiar tus herramientas después de mojarlas con agua salada para prevenir la corrosión.

Cargarlas con aceites esenciales: Es una práctica común cargar tus herramientas con un solo aceite esencial o una mezcla de aceites. Cuando hagas esto, di: "Con este aceite, impongo en ti mi voluntad." Las varas pueden ser cargadas con sándalo, canela, pachuli, clavo, o aceite de almizcle. Los átames con lavanda, jengibre, madreselva, y clavel. Los cálices con ylang ylang, jazmín, o rosa. Y los pentagramas con pino, hinojo, menta, albahaca, o anís. Puedes decidir hacer tus propias mezclas de aceite o tener un ritual personal de carga. Está bien. No hay una forma correcta o incorrecta de hacer magia. Trabaja con tu intuición para hacer herramientas que te funcionen.

También puedes cargar usando reiki, agua de luna, luz solar, eclipses totales, hierbas, agua de mar, cristales, y sonido (con un cuenco). Siempre ten al menos tres mazos de cartas: uno para adivinación personal, uno para lectura de otras personas, y el tercero para hechizos. Garantiza que las herramientas mágicas son solo usadas para propósitos mágicos. Una vez que trates a tus herramientas con respeto, te servirán por el resto de tu vida.

Hierbas mágicas populares y sus usos

- **Pimienta de Jamaica:** Prosperidad, sanación, amor buena fortuna, energía.
- **Angélica:** Protección y purificación.
- **Albahaca:** Éxito, protección, tranquilidad, amor, y paz.
- **Laurel:** Sabiduría, éxito, adivinación, y sueños proféticos.
- **Caléndula y manzanilla:** Amor, prosperidad, armonía, incremento de los poderes psíquicos, y felicidad.
- **Alcaravea y clavo:** Protección.
- **Canela:** Dinero, éxito, amor, purificación, y vitalidad.
- **Consuelda:** Seguridad durante viajes, prosperidad.
- **Eneldo:** Buena fortuna, protección, pasión, tranquilidad.
- **Jengibre:** Incrementador de energía e

incrementa la probabilidad de éxito e independencia financiera.
- **Mejorana:** Protección, alegría, felicidad, amor.
- **Menta:** Amor, fertilidad, alegría, prosperidad, purificación.
- **Artemisa:** Protección, consagración, relajación, destierro.
- **Nuez moscada:** Felicidad, amor, incrementador de la habilidad psíquica, abundancia.
- **Perejil:** Prosperidad, purificación, fuerza, y pasión.
- **Romero:** Incremento de la memoria y la sabiduría, provee protección.
- **Salvia;** Purificación, protección, longevidad, sabiduría, y salud.
- **Verbena:** Protección, inspiración, curación, reversión de la negatividad, incrementador de creatividad.
- **Milenrama:** También llamada agripalma. Útil para el amor, el coraje, y la sanación.

Algunas plantas menos conocidas que son usadas en la mágica incluyen:

- **Musgo:** Perseverancia, tenacidad, paciencia, dureza.
- **Helechos:** Colecciona estos antes de las doce de la noche en la víspera del solsticio de verano para ayudar a la invisibilidad. No, no hablamos de la

palabra en el sentido literal. Te permite continuar con tus tareas sin que la gente te note.
- **Césped:** Su adaptabilidad lo hace ideal para hechizos que mejoran la flexibilidad de pensamiento y rendición ante la fe.

Árboles mágicos populares

- **Manzana:** Cortar una manzana a la mitad deja a la vista sus semillas que están organizadas en una forma similar a la de un pentagrama. Eso es prueba de su poder mágico. Es usado en hechizos de fertilidad, longevidad, amor, creatividad, y abundancia.
- **Fresno:** Está asociado con la fuerza, sabiduría, fuerza de voluntad, justicia, protección, habilidad, viajes, y el agua.
- **Abedul:** El besom tradicional está hecho de ramas de abedul. Las primeras cunas en existir estaban hechas de su madera. Este árbol es asociado con la purificación y protección
- **Cedro:** Es usado para la espiritualidad, sanación, armonía, prosperidad, y purificación.
- **Sauco:** También llamado madera de bruja, la leyenda cuenta que la mala suerte perseguirá a quien no le pida permiso tres veces antes de cosechar cualquiera de sus partes. La madera

de sauco es asociada con la diosa de la encarnación y usada para protección (particularmente contra los relámpagos), sanación, y prosperidad.
- **Majuelos:** También llamado flor de mayo o árbol de mayo, está conectado a la felicidad, fertilidad, armonía, protección, y otros planos terrestres.
- **Avellana:** Este árbol otorga protección, deseos, suerte, y fertilidad.
- **Madreselva:** Es excelente para la felicidad, sanación, prosperidad, y consciencia física.
- **Maple:** Este ofrece prosperidad, amor, salud, y abundancia.
- **Roble:** El favorito de los druidas, promueve la longevidad, coraje, protección, buena fortuna, y fuerza-
- **Pino:** Este es excelente para la purificación, protección, sanación, prosperidad, y limpieza de la mente. El ámbar, una gema famosa por sus centros de energía para la buena suerte y armonía, está hecha de savia fosilizada.
- **Serbal:** También conocido como el fresno de montaña, es el favorito de las brujas para la adivinación, protección, creatividad, éxito, incrementar los poderes psíquicos, y la transformación.
- **Sauce:** Asociado con la Diosa, es usado para incrementar la intuición, armonía, amor, sanación, renovación, protección, y crecimiento.

- **Olmo escocés:** Este promueve la sanación, paz, y protección.
- **Tejo:** Su naturaleza venenosa es la razón de que sea asociado con la muerte, el otro mundo, y los espíritus.

Cuando se realiza la magia usando árboles, la madera fresca contiene mucha energía vital, lo que es beneficioso en rituales y hechizos. La madera que se cae sola del árbol es un desecho del mismo y no contiene energía vibrante. El hechizo que decidas realizar determinará el tipo y la naturaleza de la madera que requieras. Si decides usar madera fresca, es recomendable que le pidas permiso al árbol, planta, o arbusto y tomes solo lo que necesitas con respeto y cuidado. Si puedes, deja una ofrenda para el árbol como símbolo de tu agradecimiento.

5

Construye tu altar

Desde el inicio de los tiempos, los humanos siempre han tenido lugares designados. Hay un espacio para cocinar, uno para bañarse, y otro para dormir. Es lógico que tengas un lugar especial para la alabanza al ser una bruja que toma su arte en serio, ¿cierto?

Los altares pueden ser grandes o chicos, un cuarto entero o una simple esquina. No necesitas una instalación elaborada o un castillo con mazmorras y torres. El tamaño de tu altar será definido por el hecho de si tienes un lugar que puedas dedicar para tu práctica o si te volverás una "bruja portable," mientras cargas tu altar a donde quiera que vayas.

Muchas personas argumentan que, ya que el Dios y la Diosa viven en todas las cosas, entonces cualquier lugar es un altar.

. . .

Esto es técnicamente verdad. Pero, como bruja, creo que puedes concordar con que tu altar debería de ser un lugar que sea super sagrado, libre de energías negativas, y consagrado para un propósito específico – la brujería.

Círculos sagrados vs. Altares

Los círculos sagrados o mágicos se han usado en magia ceremonial ancestral Babilonia. Representan áreas de espacio no-físico, un microcosmo o burbuja psíquica construida con poder e intención. Estas intenciones incluyen la protección de fuerzas malignas y comunicación con deidades. Los círculos sagrados pueden estar marcados físicamente usando tiza, sal, cordón, ceniza, o sulfuro.

Los círculos Wicca tradicionalmente tienen nueve pies de diámetro, aunque esto puede variar dependiendo de la preferencia del invocador, el propósito del círculo, y el espacio disponible. Existen muchos patrones complejos para hacer círculos sagrados en grimorios y manuales de magia, la mayoría de estos involucran ángeles y otros entes celestiales.

Un altar es una instalación dentro de un círculo sagrado.

. . .

Los altares son espacios sagrados elevados usados por las brujas para la hechicería y comunicarse con los dioses.

Comen en una gran variedad de tamaños y formas. No hay una manera específica de cómo debería verse. Puedes usar una mesa de café o una mesa de diseñador. Algunas personas utilizan chimeneas. También puedes tener el altar al aire libre en una piedra plana, tronco de árbol, o un área plana en la tierra con un stang como punto focal y los otros artefactos organizados a su alrededor. Después de todo, ¿qué mejor manera de comunicarte con los espíritus que afuera en la naturaleza?

Debes tener cuidado con los altares al aire libre. No quieres que la policía llegue a tu casa mientras practicas un hechizo de destierro con tu átame en mano, con una capa sobre tus hombros. No es una escena muy bonita, en realidad. Por esta razón, muchas brujas prefieren altares dentro de casa.

Cuando decidas armar tu altar, debe de ser hecho de materiales no conductivos como madera, piedra, latón, plata, u oro. Solo herramientas mágicas como el átame deben estar hechas de materiales conductivos. Los altares con más propósitos están hechos de sauce, un árbol sagrado para la Diosa. Un altar cuadrado representa los cuatro elementos, mientras que uno redondo representa la luna, a la Diosa, y la espiritualidad.

Ubicación del altar

Las brujas tradicionales prefieren instalar altares permanentes en el norte o el este, así sus movimientos pueden estar orientados en esas direcciones. Cuando se colocan hacia el norte, atraen el éxito y la prosperidad. En el sur, funcionan bien para la carrera profesional y las finanzas. Hacia el este, promueve la salud y longevidad. Hacia el oeste, incrementa la creatividad. Colócalo hacia el noreste para espiritualidad, el sureste para el cambio, noroeste para compañerismo y relaciones, y el suroeste para el apoyo. Si necesitas un nuevo comienzo, tu altar deberá estar encarando el este donde el son se levanta, ya que el sol naciente marca los inicios de un nuevo día.

Si tu espacio seleccionado no permite este tipo de modificaciones, entonces coloca tu altar donde quieras teniendo en mente que tu espacio debe hacerte sentir seguridad y amor.

Si decides mantener tu altar lejos de los ojos curiosos, puedes mantenerlo en un cuarto bajo llave o disfrazarlo, así parecerá que simplemente tienes un estilo exótico de diseño de interiores. Su locación depende de tus intenciones mágicas y el dios o diosa a quien le rindes honor. Si buscas abundancia, luz, confort, y seguridad, un altar en tu comedor o cocina es recomendado.

· · ·

Guía en términos de romance o en honor a Afrodita puede ser colocado cerca de un baño o en una habitación. Las diferentes direcciones cardinales representan diferentes aspectos de la vida.

Limpiar el espacio para tu altar

Una vez que hayas decidido la locación, el siguiente paso es limpiar tu altar física y energéticamente. Físicamente, límpialo con una escoba y artículos de limpieza convencionales. Podrías invertir en un detergente con base de sal de mar para esto. Realiza la limpieza psíquica untándole salvia blanca, tabaco, hierba dulce, o cedro. Esto se deshace de escombro psíquico y re-energiza el espacio para nuevos comienzos. Para manchar tu altar usando los cuatro elementos, te recomiendo lo siguiente:

- **Una hierba apropiada:** Las más populares son la salvia blanca, palosanto, cedro, hierba dulce, pino, hierba de limón, enebro, y lavanda. Ya que la mayoría de las hierbas como la salvia y el palosanto sufren de escasez, te recomiendo que compres hierbas que hayan sido éticamente cosechadas por tiendas honestas, con buena reputación, y con consideración por el medio ambiente. Las hierbas que quemes representan el elemento tierra, mientras que el humo representa el aire.

- **Una olla para tiznar:** Cuando hablo de "manchar" o "untar" el altar con ciertos materiales no significa únicamente pasárselos por encima, en realidad, la madera o hierba debe ser quemada y posteriormente usarla para limpiar el altar, para ello querrás usar una olla especial. Esta puede ser hecha de cerámica, metal, o piedra. Representa el elemento de agua. Puedes usar una concha de abulón para atrapar las cenizas. Intenta no exponer las conchas directamente al fuego porque pueden calcinarse. Puedes usar un reposador de madera para sostener la olla de tizar en su lugar y elevarla para evitar que tu altar tenga contacto directo con el calor.
- **Una fuente de luego:** Un encendedor, cerillos, o pedernal (para los puristas).
- **Plumas o abanicos:** Estos representan el elemento aire. Los puristas utilizan plumas de pavo o plumas de águila pintadas a mano. Esto es opcional, ya que puedes amarrar un moño amarillo alrededor de la base de la olla (el amarillo es el elemento del aire) y moverlo de lado a lado o usar tus manos para esparcir el humo.
- **Tambores o música de tambores sagrada:** Este sonido representa el palpitar del corazón. También puedes usar música de tambores chamánica o nativo-americana

pregrabada. ¿Sin tambores ni música? ¡No hay problema! Escucha tu propio palpitar o establece una intención para la música, confía en que el espíritu hará el trabajo por ti.

Mientras estas tizando o manchando tu altar, puedes decir "con este/a (nombre de la hierba que usas), limpio mis herramientas y disipo cualquier energía negativa de este espacio, para que sean usadas para mi beneficio" o "Aire, fuego, agua, tierra; purifiquen, eliminen, disipen."

Una vez que hayas terminado de limpiar tu espacio, puedes permitirles a las hierbas quemarse por completo, extinguirlas con sal de mar, o apagar las llamas. Termina con un tipo de bendición como: "Dedico este espacio a (nombre de la deidad). Que sea un lugar de alegría, apoyo, y crecimiento espiritual"

¿Decorar o no decorar?

No hay objetos correctos o incorrectos para usar cuando estás construyendo tu espacio sagrado. Muchos textos describen objetos que deben de estar en tu altar, como si fuera un libro de reglas que define lo que debe o no debe estar ahí. Este libro busca cambiar este punto de vista.

. . .

Lo primero que debes tener en mente es que tu elección es clave cuando se trata de tu altar. Debe reflejar tus intenciones y gustos. Puedes tener un montón de cosas, o elegir un diseño minimalista, o puedes cambiar la decoración de acuerdo a las estaciones, o tener un diseño especial para tu cumpleaños. Es tu decisión.

Cuando construyas tu altar, es recomendable que crees un aura de balance y armonía colocando objetos que representen los cuatro elementos y puntos cardinales:

- Un tazón con agua limpia o un espejo representa el oeste y el elemento agua.
- Un tazón con tierra, sal, o un cristal para el norte y el elemento tierra.
- Algunas plumas, incienso encendido, una campana de aire, un abanico, o átame para el este y el elemento aire.
- Velas encendidas o incienso para el elemento fuego y el sur.
- Máscaras, muñecas de trapo, o cristales con símbolos sumerios ancestrales para el paraíso, cielo, y espíritu.

Añade una bandeja de ofrenda que contenga tus intenciones, como una llave si quieres una casa, un carro de plástico si quieres un nuevo vehículo, o monedas si quieres un ingreso extra. Representa el cielo que cubre todos los otros elementos usando símbolos o imágenes celestiales o paradisíacos.

Usa cristales y gemas como puntos focales para manifestar intenciones en tus rituales y hechizos. Confía en tu intuición y no te apresures a escoger cristales para esto.

Escoge cristales de acuerdo a temas. Por ejemplo, turmalina negra, obsidiana, malaquita, hematites, y ágata para gran protección. Chaorita, celestita, labradorita, sugilita, y angelita para incrementar tus habilidades físicas. Jade, aventurina, piedra de luna, y cuarzo claro para promover armonía y balance. Los cristales amplifican tus intenciones. Cuando son usadas con hierbas, aceites esenciales, e incienso, te mantienen alejado de malas energías, mejoran tu humor, y te mantienen con los pies en la tierra, por ende, generan energía para magia.

Necesitarás tu Libro de las Sombras, grimorio, o diario mágico. En este, escribes tus hechizos, notas, recetas, y rituales a mano. También puedes escribir el ciclo lunar y los sabbats correspondientes. Nunca uses tu diario para propósitos mundanos. Déjalo en el altar permanentemente si así lo necesitas.

· · ·

Si lo deseas, puedes escoger una deidad o espíritu con el cual trabajar. Esto es completamente opcional y dependiente de lo que quieres lograr. Por ejemplo, Lord Ganesh, La diosa Lakshmi, o el Buda sonriente son deidades sinónimas de abundancia, hechizos de dinero, y riqueza. Construye un altar en memoria de seres amados que han cruzado al otro lado poniendo imágenes, comida, u objetos que valoraban. Incluso un cepillo de cabello o una taza de café hecha como lo harían ellos, mientras sea algo que deseen.

Cuando trabajes con deidades o espíritus, por favor investiga ofrendas apropiadas para ellos.

Muchas brujas escogen decorar su altar con una tela. Puedes comprar una o hacer una. Crochet o patrones de costura que signifiquen algo para ti. Puede que incluso uses un mantel sencillo donde puedas costurar runas o símbolos de reiki si lo quieres.

Los manteles de altar tradicionales Wicca están hechos de materiales naturales y sustentables como lana, algodón, seda, lino, etc. Si debes usar manteles para el altar, podrías coordinar los colores con las intenciones del hechizo. Por ejemplo, el verde representa fertilidad, abundancia, y la madre tierra. El negro es para protección, sabiduría, y defensa propia, y plateado es para sueños, conexiones psíquicas, proyecciones astrales y telepatía.

El lado izquierdo del altar es comúnmente dedicado a la Diosa. Coloca herramientas que sean sinónimos a ella como el pentáculo, cáliz, caldero, vara, campanas, cristales, y el besom. Puedes incluir imágenes o figuras de la madre tierra si las tienes. En su ausencia, una vela verde o plateada puede ser suficiente. Si tu altar está dedicada a la triple Diosa, puedes usar tres velas para honrarla como la madre (blanco), doncella (rojo), y la bruja (negro).

El lado derecho del altar está dedicado al Dios Cornudo. Mantén objetos sinónimos a él como el átame, libro de las sombras, incensario, boline, y espadas aquí. Puedes añadir una figura o deidad del dios cornudo. Si no tienes esto, entonces una vela dorada puede ser suficiente. Si tienes la intención de trabajar con magia, asegúrate que todas tus herramientas (velas, diario, pluma, inspiraciones escritas o impresas como palabras de afirmación o un poema, hierbas, aceites, encendedor, y etc.) estén colocados encima o debajo del altar. Puedes incorporar refrigerios para usar como ofrendas de ritual o para recuperar energía que hayas gastado mientras trabajabas. Toma la libertad de añadir tótems de tu animal favorito o espíritu animal, imágenes de tu mascota, y otros artefactos que te ayuden a concentrarte.

Si por alguna razón necesitas abandonar el círculo alrededor de tu altar, corta una puerta con el átame en tu mano dominante, de frente al noreste, y con movimientos en contra de las manecillas del reloj.

Pídele a una compañera bruja que haga guardia en la puerta para disipar energías negativas. Cuando vuelvas, no olvides cerrar el círculo usando movimientos en el sentido del reloj.

Poder floral para tu altar

Si estás usando flores en tu altar, debajo escribiré un par que las brujas usan comúnmente y sus significados:

- **Clavel:** Fuerza, sanación, energía, suerte, y protección.
- **Narciso, tulipán, amapola:** Fertilidad, abundancia, amor, éxito, y suerte.
- **Margarita, gardenia, jacinto:** Coqueteo, amor, y protección.
- **Geranio, boca de dragón, lila:** protección.
- **Jazmín:** Seducción y sensualidad.
- **Lirio, viola:** Felicidad, comunicación.

Tu altar, como tu arte, evoluciona constantemente. Tus intenciones pueden cambiar, y puede que necesites hacer un par de ajustes a los objetos en el altar si esto sucede. ¿Quién sabe? Puede que necesites más de un altar para diferentes propósitos. Solo deja que el espíritu te guíe.

Atiende tu altar

Tu altar no solo es sagrado, está envuelto en energía viva. ¿Te gustaría visitar a alguien y quedarte en la entrada sin tener su atención? Por eso, darle atención a tu espacio sagrado, y "alimentarlo" mantiene tus intenciones frescas y evita que la energía se estanque. Aquí hay algunos consejos sobre cómo cuidar tu altar:

1. Unge deidades o estatus.
2. Si tienes flores, cámbialas tan seguido como te sea posible y limpia el fondo del jarrón para que el agua se mantenga fresca.
3. Enciende velas nuevas y limpia la cera de las antiguas.
4. Si eres fan de la limpieza, compra lámparas de sal del Himalaya o lámparas de selenita.
5. Quema velas con regularidad y enciende el incienso con esencias que resuenen o tu intención o deidad de tu preferencia.
6. Barrer el área alrededor de tu altar con regularidad, lava los manteles, deshazte de telarañas, y limpia las estatuas con un trapo si les has untado aceite.
7. Carga tus cristales bajo la luna llena cada mes.
8. Si tienes un cuenco, tócalo al menos dos veces a la semana para incrementar las energías cósmicas alrededor del altar.
9. Cambia las ofrendas regularmente. Estas pueden ser monedas, conchas, flores, hierbas, u otros objetos.
10. Medita todos los días en tu templo, canta, alaba,

baila, y reafirma las intenciones que has designado para tu altar o crea nuevas si la necesidad surge.
11. Agradece y muestra gratitud. Puedes hacer esto horneando cosas con infusión de hierbas que prefiera tu deidad, o di un simple "gracias" una y otra vez.

Rituales para una bruja floreciente

Los rituales son el corazón de la brujería. Un ritual es una ceremonia o rito que es realizado con un propósito específico. Algunos son formales con estructura y reglas, mientras que otros se planean vagamente y son guiados por la intuición. Algunos rituales que pueden ser conducidos por brujas en sus altares incluyen:

- **Ritual de santificación o consagración:** Este es realizado para consagrar una herramienta e imbuirla con poderes mágicos, es óptimo realizarlo durante la luna llena o creciente.
- **Ritual de purificación:** Este ritual que ayuda a ti, tu espacio, y tus herramientas a deshacerse de energía sucia y negativa. Se hace al emitir un hechizo mágico. Los rituales de purificación

iniciales es preferible conducirlos en la noche de luna nueva.

- **Ritual de destierro:** Estos ayudan a deshacerse de entidades banales y energías estancadas en un lugar, persona, o herramienta. Realizarlo tan regularmente como te sea posible.
- **Rituales de invocación:** Estos conllevan emitir un círculo mágico para canalizar la energía de una deidad o poder superior en uno mismo.
- **El ritual de girar el molino:** Un ritual tradicional hecho para elevar la consciencia espiritual y poderes mágicos. Este incluye caminar continuamente alrededor de una brújula con los ojos fijos en un punto focal, como un stang, o una llama.

La bruja camina con la cabeza puesta hacia un lado y ligeramente inclinada hacia atrás. Esto restringe un poco el flujo de sangre al cerebro, e induce un estado similar al trance – que es esencial para trabajar con magia. Este ritual es óptimo en un altar al aire libre; aun así hay brujas que han sido lo suficientemente ingeniosas para "girar el molino" dentro de casa.

- **El ritual de Pasteles y cerveza o Pasteles y vino:** Se sirven refrigerios al final de un ritual para darlo por concluido. Sirve pasteles en un plato de pentáculo y vino de una copa o cáliz.Los "pasteles" pueden ser galletas, fruta, galletas saladas, o cualquier alimento de grano. El "vino" puede ser jugo, cerveza, o agua.

6

Escribir un grimorio o Libro de las Sombras

El origen del Libro de las Sombras

Si la brujería moderna fuera una entidad humana, sus padres serían Gerald Brosseau Gardner y Doreen Edith Valiente. Antes de conocer a Valiente, Gardner se topó con fragmentos de un manuscrito que afirmaba haber sido escrito por un grupo de brujas europeas. Escribió una gran cantidad de prácticas y rituales del estudio de la filosofía esotérica occidental y oriental. Como el folclor celta, yoga tántrico, el trabajo de Aleister Crowley, y sabiduría enoquiana.

Valiente editó el material dejando fuera muchos de los textos de Crowley y añadiendo poesía y otra información propia.

. . .

El resultado se convirtió en una guía esencial para los practicantes de Wicca Gardeniana. Este manuscrito no era originalmente llamado Libro de las Sombras. Era llamado *Ye Bok of Ye Art Magical*.

El nombre cambió cuando Gardner encontró una edición de la revista *El observador de lo oculto* en 1949 en Brighton, Inglaterra, que contenía un artículo en sánscrito titulado *El libro de las Sombras*, escrito por un quiromántico indio llamado Mia Bashir. El artículo apareció en oposición a *High Magic's aid*. Una novela de fantasía escrita por él mismo.

Decidió usar este título, que aún es relevante para las brujas modernas.

El grimorio y su historia

La primera definición de un grimorio lo llamó un libro mágico, hechizos, invocaciones, encantamientos, evocaciones, y un anfitrión de otras prácticas usadas para llamar espíritus. Los grimorios han existido en la Babilonia antigua, civilizaciones del medio oriente, y el renacimiento medio.

Los grimorios eran asociados con cualquiera de las tres religiones mayores – cristianismo, islam, y judaísmo – e impactaron los inicios de la ciencia y el arte en Europa y parte de Asia. Por ello, no importa cuando los prohibamos, son aspectos esenciales de nuestra historia cultural.

La palabra grimorio se origina del inglés medio "gramere" y el francés antiguo "gramaire," que se refiere al lenguaje y reglas de deletreo. La raíz es traducida del latino "gramatical" y el griego "grammatikos", que significan: "letras de la gramática." Su origen de civilizaciones panteístas es probablemente la razón por la cual este texto está dedicado a los ritos y honrar a la diosa.

Los grimorios fueron ilegales por un tiempo. El arzobispo de París ordenó la destrucción de textos, panfletos, y pergaminos de hechicería, conjuros demoníacos, y necromancia en 1277. Estos no eran solo libros de hechizos y rituales mágicos, estaban expresamente prohibidos. Si eras atrapado con un texto mágico en los tiempos medievales, el castigo era severo. Te torturaban hasta que confesaras por el dolor. Después de esto, te quemaban en vida con el texto a tus pies, para que nunca olvidaras lo que te causó este problema en primer lugar.

Aun así, sin importar el número de personas que se sacrificaron por estos textos tabú, más personas han estado dispuestas a morir por poseer este conocimiento dentro de ellos.

Por esta razón, fragmentos de textos individuales y sus creadores han sido preservados, recreados, y puestos en circulación una y otra vez.

Los textos de magia estaban escritos en textos obscuros y lenguajes extranjeros, algunos en varios lenguajes a la vez. Esto añadido al aire de misterio, ya que la mayoría de la población era analfabeta. Estas molestias nunca detuvieron a nadie para copiar e intentar traducirlos. Nunca sabremos si estos textos realmente eran auténticos. No había nadie a quien preguntarlo. Preguntarle a alguien te ponía en riesgo de arresto y tortura por parte de los inquisidores.

Los grimorios, como los conocemos, empezaron a parecer en el siglo 12, la mayoría con autores anónimos o ya fallecidos. Nadie en la edad media quería tomar crédito por la escritura de un grimorio. Siempre eran regalados o "encontrados" por extraños misteriosos. Estos textos medievales tenían nuevas ediciones hechas manualmente al copiar textos antiguos, y era bajo mucho riesgo.

Los grimorios contenían inspiración de muchas fuentes, existía una gran variedad, pero unos ejemplos son:

- Angelología judía y textos cabalísticos.
- Prácticas del catolicismo romano como rituales de exorcismo.

- Papiros mágicos egipcios.
- Misterios y rituales alquímicos.
- Textos de magia pagados de Roma, Grecia, y el Imperio Bizantino.

Grimorios ancestrales famosos

Desde el principio de los tiempos, místicos y magos han compilado escritos de su arte. Muchos de ellos se han perdido principalmente porque la iglesia los consideraba pecaminosos. Algunos aún existen, y hoy en día, aportan una percepción sobre cómo nuestros ancestros practicaban la magia. A continuación, te dejo una lista de algunos grimorios famosos:

1. **El gran grimorio o el dragón rojo:** Escrito en francés alrededor de la mitad del siglo 17, es un texto sobre necromancia y conjuros demoníacos y uno de los libros más malignos que se hayan escrito. Uno de los demonios que conjura es Lucifuge Rofocale, un demonio cazatesoros. Invocar a esta entidad solo es recomendado cuando puedes escapar haciendo un pacto con él. La leyenda dice que reclama tu alma después de 20 años de servicio.
2. **El gran Alberto por Alberto Magno:** El título completo de este grimorio es *Alberto Magno,*

El libro supremo de todas las magias. Los manuscritos alemanes más antiguos fueron escritos en 1478, Es un libro de medicina y misticismo, con bases cristianas sólidas.

3. **Grimorio de Honorio el grande:** Escrito por el Papa Honorio tercero antes de su muerte en 1227, este es un texto mágico con orientaciones cristianas, supuestamente para hechiceros cristianos. Contiene hechizos para invocar, descartar, comandar, y hacer tratos con demonios, así como sacrificios animales, plegarias, e instrucciones de cómo crear un libro mágico.

4. **Clavícula Salomonis (Llaves de Salomón) y el Lemegenton (La llave menor de Salomón):** Estos textos inspiraron todos los grimorios medievales. Fueron escritos en griego por el Rey Salomón, el místico más poderoso del mundo, y se creía que había existido desde el siglo 4 gracias a fragmentos encontrados. La copia más antigua sobreviviente está en el Museo Británico y contiene magia ceremonial ancestral judía para controlar e invocar espíritus. También incluye rituales para el sacrificio animal. *El gran grimorio* contiene un poco de información de la *Clavícula Salomonis.*

5. **Manual de Múnich de magia demoníaca (Siglo 15):** También llamado *Liber Incantatiunum, Exorcismorum et Fascinationum,* está escrito en latín con rituales católicos romanos para invisibilidad,

invocaciones, destierro de demonios usando círculos sagrados y palabras de poder.

6. **Picatrix (Ghayat al-Hakim – La meta del sabio):** Escrito en árabe en Andalucía por el matemático al-Majriti en 1000 EC cuando España estaba bajo el régimen islámico, esta es una compilación de cuatro libros de magia astral, talismánica, y si simpatética, con bases en la mágica árabe clásica, con referencia a Hermes Trismegisto. Contiene hechizos para sanación, amor, longevidad, control sobre y escape de los enemigos. El grimorio más extenso y raro en existencia, fue traducido al latín por el Rey Alfonso el Sabio en 1256.

7. **El libro sagrado de Abramelin el Mago:** Este es uno de los grimorios más poderosos y completos. Descrito por Crowley como el mejor y más peligroso libro en existencia, inicialmente escrito en 1458 por Abraham de los Gusanos para su hijo Lamech. Abraham obtuvo el conocimiento de un mago egipcio y maestro del Cábala llamado Abramelin. Doce manuscritos existen, cada uno en un lenguaje distinto.

8. **El sexto y séptimo libro de Moises:** Estos textos controversiales contienen encantamientos para invocar, desterrar, y controlar espíritus. Textos posteriores contienen miedos secretos de conspiraciones judías y del Vaticano. Supuestamente estos fueron revelados a Moisés en el monte Sinaí, y luego fueron pasados de

generación en generación hasta que el Rey Salomón lo usó para invocar espíritus, está escrito en una combinación de hebreo, latín, y alemán. El sexto libro contiene sellos mágicos, y siete tablas mágicas.

9. **El grimorio o Aradia de Leland, el evangelio de las brujas:** El folclorista americano Charles Godfrey escribió esto al final del siglo 19. Uno de los primeros grimorios en inglés que influenció profundamente el neopaganismo y Wicca, tiene afirmaciones sobre la magia otorgadas por una bruja misteriosa llamada Maddalena, quien supuestamente recibió conocimiento de un grupo ancestral de fieles de la Diosa. Muchos grimorios históricos están en colecciones privadas y museos nacionales como la Librería de Arsenal (París) y el Museo Británico (Londres), y existen algunos libros costosos (y dudosos) aparentando ser los originales que ocasionalmente aparecen a la venta en subastas en línea internacionales.

Tipos de grimorios

Libros de hechizos: Un libro de hechizos con instrucciones, ingredientes, e ilustraciones para hechizos escritos o encontrados.

Diarios: Invaluables para brujas nacientes. Un libro que contiene crónicas de tus creencias, viaje como bruja, progreso conseguido, obstáculos encontrados, y pensamientos personales. Estos pueden ser escritos con formatos sin estructura.

Grimorio de bolsillo: Una libreta portable que contiene hechizos de emergencia y básicos, hierbas, ingredientes, cristales, e ideas que te lleguen en el camino.

Libro de sueños: Similar al diario en estilo, es un registro cronológico de sueños, viajes astrales, sueños de interpretación, simbolismo, y proyecciones fuera de tu cuerpo.

Grimorio de temas específicos: Estos vienen en diferentes tamaños, estilos, y categorías de temas dependiendo del estilo de brujería que se practique o estudie. Puedes tener grimorios para el tarot, runas, y sigilos, herbología, o astrología.

Grimorio religioso: Este es usado para documentar tus creencias religiosas. También puede contener prácticas devotas, alabanzas, y días sagrados.

· · ·

Grimorio de montaje: Un grimorio de propósito general. Este manuscrito representa toda tu disciplina. Se utiliza cuando es complicado encontrar una forma de organizar tu arte en categorías.

Preguntas que debes hacerte antes de empezar un grimorio/Libro de las Sombras

Hay un par de preguntas que debes hacerte antes de comenzar, para evitar desperdiciar tu tiempo y que tengas una idea clara de lo que quieres:

1. ¿El tamaño es importante? ¿Prefieres un texto práctico o uno que solo utilices en ocasiones especiales?
2. ¿Planeas usarlo diariamente? O ¿preferirías escribir en ocasiones especiales, como durante hechizos, en Sabbat, o durante lunas llenas?
3. ¿Cómo quieres que se vean tus escritos? ¿Quieres hacer entradas estructuradas? ¿Prefieres incluir tus pensamientos, arte, o sueños?
4. ¿Qué rol visualizas que tendrá tu libro? ¿Es una guía? ¿o un confidente? ¿Cuáles son tus intenciones para él?
5. ¿Dónde mantendrás tu libro? ¿En tu altar, una caja fuerte, caja interior, o un agujero debajo del suelo?

6. ¿Harás tu propio libro? ¿Comprarás uno? ¿será digital?
7. ¿Cuáles son tus deseos con respecto a tu libro si llegaras a fallecer? ¿Quieres heredarlo, confiárselo a alguien más, o destruirlo?

Las respuestas para estas preguntas te ayudarán a crear, almacenar, y determinar el flujo de tu libro. No hay dos grimorios o Libros de las Sombras iguales, incluso cuando los gemelos los hayan escrito. Para realmente volverlo tuyo propio puedes añadirle figuras, signos del zodiaco, imágenes de deidades, botánicas, tu espíritu animal, cartas del tarot, o el ojo de Horus, lo que sea está bien. Es tu libro.

Criterio de inclusión

No existe una regla absoluta para los contenidos que debe tener tu libro. Sin embargo, existen inclusiones universales que deben estar en los grimorios.

Tradiciones o leyes del aquelarre: Los principios pueden variar de grupo a grupo; por esto, es recomendable registrar esas prácticas al principio de tu libro. Si eres una bruja ecléctica o parte de una tradición sin reglas definidas, puedes escribir reglas apropiadas para practicar magia.

. . .

Algunos buenos ejemplos son la regla de tres y el Rede Wicca.

Dedicación: si eres parte de un aquelarre, puedes escribir una experiencia detallada de tu ceremonia de iniciación. Dedicaciones a deidades también pueden ser escritas junto con el Dios que se ha escogido. Tu texto podría ser una oración o del largo de un ensayo. Un ejemplo puede ser "Yo (tu nombre) dedico mi persona al servicio de la Diosa Triple, hoy, (la fecha del día escrito)".

Deidades escogidas: Esto depende del panteón que escojas. Puedes ser monoteísta (un solo dios) o politeísta (varios dioses). Si tienes una colección de diferentes caminos o mitos espirituales de acuerdo a una deidad que ames, ten registro de las influencias celestiales al escribirlas en tu libro.

Tablas de correspondencia: Todos los hechiceros concuerdan que las tablas de correspondencia son herramientas vitales. Contienen imágenes de cristales y hierbas, fases lunares, y sus usos. Por todo un año, las tablas pueden ser trazadas usando un almanaque Wiccano, con las fases lunares, fechas correspondientes, e investigación sobre las hierbas apropiadas para ingerir.

. . .

La rueda del año: Esta contiene ocho festividades para brujas. Incluye esto, junto con los sabbats, esbatos, rituales, y rituales para honrar a tus ancestros. Puedes decidir tener una rutina fija o cambiar las cosas con cada festividad. Incluye notas sobre emisión de círculos, hogar, sanación, o bendiciones de prosperidad, y dibuja la luna para celebrar a la Diosa Madre.

Adivinación: Esta contiene formas de adivinación como la astrología, adivinación con objetos, observación de la bola de cristal, o quiromancia. Registra todo lo que aprendas y tus experiencias en adivinación propia y para otros.

Textos mágicos: A parte de los textos paganos y Wicca que tienes en tu librería, incluye información de los manuscritos que te llamen la atención, tales como *Montarse en una escoba plateada* o *La danza espiral*. Invocaciones antiguas y oraciones en lenguas ancestrales también son bienvenidos.

Brujería de cocina: Muchas brujas siempre están preparando una cosa o la otra en la cocina. A medida que desarrolles recetas para hechizos, comida para Sabbat, aceites, o mezclas de hierbas, escríbelas en tu libro. Además de tenerlos a la mano cuando los necesites, será un regalo divertido para darle a los miembros de tu descendencia que estén interesados en la brujería.

. . .

Hechizos: Esto es opcional. Puede que escojas escribir tus hechizos en un grimorio a parte o en tu libro de las sombras. Si mantienes tus hechizos y otros temas en el mismo libro, es mejor organizarlos, especialmente si son originales. Recuerdo dejar espacio para documentar el horario de la emoción, resultado, y compañeros de ser necesario, y cualquier ajuste que hayas realizado.

Mantener un grimorio:

El Libro de las Sombras es un libro que contiene prácticas mágicas, rituales, tradiciones, y lo que desees documentar sobre tu magia. Los puristas wiccanos abogan por que sean escritos a mano, pero la venida de la tecnología en el siglo 21 ha hecho que esa idea sea obsoleta. No hay una manera específica de cómo hacer este libro, usa lo que te funcione mejor. Este es un texto sagrado que debe ser bendecido junto con tus herramientas mágicas. Si los contenidos están escritos a mano, asegúrate que sean legibles. De esta manera, es más sencillo leer o memorizar rituales.

Organiza tu Libro de las Sombras

Puedes hacer tu propio BOS o comprar uno de una tienda o sitio web.

. . .

Las carpetas de tres aros son las mejores para permitir recetas que ya hayan sido escritas o las que quieras modificar cuando consideres necesario. Con este estilo, puedes invertir en protectores de hojas para prevenir que se manchen de productos del ritual, cera de vela, y tinta.

Incluye tu nombre de hechicera en letras estándar o escritos secretos dentro del título del libro en el frente de la página. Los hechizos deben ser legibles. Independientemente de que lo escribas en inglés común o con otra fuente de letra, asegúrate que sea sencillo de leer.

Tu reto más grande es mantenerlo organizado. Puedes usar varios materiales como una tabla de contenido al inicio o un índice detallado al final. El estudio continuo te guiará en qué información debes incluir y cuál sacar. Toma nota de los detalles de otros libros mágicos que hayas leído y sus fuentes de información. De esta manera, es más sencillo si tienes que compartir la información con otros. Las carpetas con aros hacen que la inclusión de información sea más sencilla.

Muchas brujas tienen libros separados, uno para creaciones originales y el otro de información saca de internet. Los grimorios digitales deben ser encriptados y mantenidos en memorias USB, discos compactos, o en la nube para fácil acceso. Uno en un disco duro no es menos válido que uno copiado a mano en pergamino.

Consejos de organización para tu libro

Empieza tu grimorio con una bendición, poema, o frase inspiracional: Siempre es más significativo cuando es algo que hayas formado originalmente. Pídele protección y guía a la Diosa. Escribe con intención, porque cada entrada de tu libro es un ritual mágico por sí misma. Puedes usar un poema diferente, oración, o dicho por cada entrada o la misma para todas.

Arreglo de hechizos: Ten páginas o columnas separadas para los hechizos diarios y hechizos especiales. Por ejemplo, rituales de baño, protección, y curación deberán de estar en la categoría regular, y aquellos practicados en Sabbat en la columna de ocasión especial.

Organiza por tema: Si organizar por categoría te parece cansado, puedes tener una tabla de contenidos para clasificar hechizos por tema o propósito. Secciones para protección pueden tener índices negros, las del amor índices rosados, y la sección de abundancia índices verdes.

Organiza por componente: Esta forma de orden divide los hechizos de acuerdo a sus ingredientes. Organiza tu libro teniendo secciones separadas para magia con velas, hechizos herbales, magia con cristales, y etc.

Clasificarlo de esta manera te dice a primera vista que hechizos realizar usando ingredientes que tienes a la mano.

Marca las fechas de cada entrada: Esto puede parecer innecesario, pero sin fechas, ¿Cómo puedes saber cuánto tiempo ha pasado desde que invocaste un hechizo hasta que se manifestó? A parte de esto, las entradas con fecha ponen tus pensamientos y experiencias en un contexto que te ayuda a tomar en consideración tu viaje espiritual a través del tiempo.

Registra tus emisiones de hechizos: Después de hacer un hechizo, anótalo. Incluye información relevante como la razón detrás de él, si fue personal o hecho para alguien más, dónde fue emitido, si alguien participó, qué herramientas se usaron, y qué pasos se siguieron.

El Libro de las Sombras Digital: Si eres fan de la tecnología y prefieres que tu BOS esté disponible en todo momento, puedes considerar realizar uno digital. Existen varias aplicaciones que pueden ayudarte si escoges este método. Un teléfono, tableta, o laptop pueden ser suficientes para un libro de las sombras editable y accesible. Es incluso mejor si es capaz de caber en tu bolsillo, bolso, o maletín.

Crear tu grimorio

Los primeros grimorios fueron escritos en papiro, pergamino, o papel. El frente y la parte trasera estaban hechas de madera tallada ornamental, terciopelo y otros tapices, cuero o metal marcado, dependiendo de los materiales que el autor pudiera conseguir. Las brujas y ocultistas adinerados decoraban los suyos con acentos de oro y gemas preciosas.

Las brujas de origen modesto decoraban los suyos con flores secas e inscribían la magia en piedra o piezas de corteza de árbol. Si eres una bruja que gusta de "pensar verde", considera reciclar papel viejo para hacer el tuyo.

Si la cubierta de tu libro está hecha de tela, costura bolsillos en ella para resguardar hierbas, gemas, y otros objetos mágicos pequeños. Las cubiertas suaves pueden ser perforadas para que las costuras puedan ser de materiales naturales como rafia, lianas, u otras hierbas. Utiliza solo papel de alta calidad para que tu tinta no se corra. Tienes que tener hojas que sean planas, no se muevan, y no interrumpan la inercia de tu hechicería. Si tu libro es grande, invierte en un soporte para libros para que no ocupe todo tu altar y se vuelva inconveniente.

Diferencia entre un BOS y un grimorio

. . .

La mayoría de los wiccanos tienen un BOS pero no un grimorio, algunos tienen ambos, y otros no tienen ninguno por gusto personal. Así que la pregunta es "¿cuál es la diferencia entre estos dos?" Piensa en un BOS como el diario de una bruja. Tiene registros de experiencias, rituales, discusiones con otras entidades sobrenaturales, descubrimientos sobre el camino de la Diosa, sueños, y otra información de importancia y gusto. Es donde expresas tu creatividad sin crítica ni censura. También puede contener hechizos y trabajos mágicos para monitorear tu progreso espiritual. De esta manera, puedes ver qué funciona y qué no funciona.

Un grimorio es similar a un libro de las sombras, pero el primero no es tan personal. Los grimorios son libros de texto o manuales para brujas. Si tuvieras un diario y un manual o libro de texto, podrías definir fácilmente cual estaría en tu mesa de noche y cual debería de estar en un estante. Un grimorio contiene hechizos, ritos, pociones, y cómo preparar, manejar, y tratar las herramientas mágicas. También tiene una tabla de correspondencia detallada, tablas mágicas, fases lunares, cristales, hierbas, recetas de cocina, colores, e investigaciones. No tiene comentarios personas o registros de los hechizos realizados, con quién, por qué, y dónde. Como una bruja principiante, puedes decidir usar una libreta como un diario mágico y enciclopedia para rituales y hechizos.

. . .

A medida que tu espíritu, creencias, y arte evolucionen, puedes tomarte un tiempo para organizarlos en dos libros separados. Así, puedes compartir tu investigación con otros sin exponer tus pensamientos privados. Ambos libros deben ser consagrados y manejados con cuidado. Un grimorio puede estar en tu altar, un estante, o un cajón para fácil acceso, mientras que tu BOS debe de ser guardado en un lugar seguro, lejos de los ojos curiosos, ya que es muy personal.

Si tienes ambos libros en uno, entonces tómalo y entiérralo en tu hoyo privado favorito. Si escoges mostrarle tu BOS a alguien, debe de ser alguien en quien confíes que no causará daño a ti o a tu libro al repartir la información en él, tratarlo sin cuidado, o haciendo marcas en él sin permiso.

Por último, cada grimorio es un libro de las sombras, pero no cada libro de las sombras es un grimorio. Creo que lo que sucede en tu BOS o grimorio debe de ser tan único como tú. Los puristas insisten que los grimorios deberían ser funcionales, instructivos, llenos de anotaciones, información, y aplicaciones prácticas. Argumentan que los pensamientos no tienen lugar en manuscritos como estos. Pero como bruja, entenderás que es difícil, sino imposible, separar tus sentimientos o pensamientos de tu arte. Son parte de tu identidad. Después de todo, eres humano, no un trozo de madera.

. . .

Seguridad para el BOS o grimorio.

El libro de las sombras o grimorio puede ser tu creación, pero aún existen unos cuantos retos éticos. Toma nota de esto, especialmente si es tu primer acercamiento a la brujería.

1. Para mantener la tradición wiccana secreta, no enlistes los nombres reales, números de teléfonos, domicilios, o correos electrónicos de compañeros wiccanos o miembros del aquelarre. Tu libro puede contener iniciales, seudónimos, o nombres de hechiceros, pero asegúrate de que no pueden ser rastreados a nombres reales o información de contacto.
2. Ten cuidado al compartir tu libro con cowans. Incluso si eres bruja abiertamente, no quieres violar la privacidad de otros hechiceros descritos en tu libro. Debes ejercer precaución extra con variaciones digitales del BOS.
3. No toques los libros de otras brujas sin su permiso. Muchas sienten que estos textos están imbuidos con poder personal que puede minimizarse o modificarse cuando están en contacto con las energías de otros.
4. Si tu libro incluye hechizos o rituales que no son originales, no te olvides de enlistar al hechicero o autor por su nombre de hechicero. De lo contrario, define que la creación no es tuya.

5. Si tienes un juramento con respecto a cierta información, haz esa anotación en tu libro. De lo contrario puedes olvidarte.
6. Enlista instrucciones sobre cómo manejar tu libro después de tu partida. Muchos aquelarres y tradiciones antiguas requieren que sean destruidos o asignados a otros miembros del aquelarre bajo estas circunstancias. Sea que seas una bruja solitaria o pertenezcas a un aquelarre, protege tu legal al asegurarte que alguien en quien confíes lo cuidará.
7. Pon un hechizo de protección en tu BOS por razones de seguridad. La arboleda y gruta, pentáculo, y el nudo céltico son excelentes ejemplos de emblemas protectores wiccanos. Si quieres extra-protección, pon un candado en la cobertura de tu libro o compra uno que tenga este mecanismo incluido. Invierte en un protector que lo mantenga lejos de las energías ambientales y polvo.
8. Puedes escoger hacer todas o algunas entradas en tu libro usando un código, así la información se mantiene secreta. De esta forma, si alguien más se topa con su contenido, no podrán traducirlos fácilmente. Puedes intentar algunos escritos antiguos incluidos el teban, picto, ogam, jeroglíficos egipcios, germano/danés/sueco o runas nórdicas/escandinava/seax-wiccas, malachim, angélico, o transitus.

7

Desbloquea tus poderes psíquicos y de adivinación

Es sorprendente como la adivinación se ha mantenido a través del tiempo, especialmente con la cosmovisión de la iglesia católica durante la edad media. No había muchas formas de entretenimiento, así que la adivinación y otras formas de "herejía" eran castigados con humillación pública y decapitación (en el mejor de los casos), o siendo hervido vivo.

Es entretenido para los cínicos y académicos religiosos porque la iglesia en partes de Bretaña y Europa durante estos tiempos practicaba la bibliomancia, una forma de adivinación utilizando la biblia. Algunos seguidores creían que abrirlo al azar proveía respuestas a preguntas y revelaba fortunas.

. . .

A los niños con insomnio se les colocaba la biblia (que siendo honestos es un grimorio religioso) sobre la cabeza.

Las mujeres embarazadas leían ciertos versos para asegurar un parto sin complicaciones. Quien fuera acusado de brujería era juzgado con una biblia y, de ser encontrado culpable, se procedía a su ejecución. Pero este capítulo no es acerca de la batalla de los grimorios. La palabra adivinación tiene su raíz en la palabra "divinare," que significa "predecir." Es la oportunidad que se te ha otorgado para adentrarte en nuestro subconsciente colectivo. Esto incrementa tu consciencia para ver el pasado, presente, y futuro.

Muchas brujas practican alguna forma de adivinación, lo que les da consejos psicológicos y espirituales fundamentales cuando necesitan hacer decisiones críticas en su vida.

El hombre no ha empezado a tocar la superficie de cómo existen muchos métodos de adivinación. En la babilonia antigua, los sacerdotes adivinaban usando arúspice, lo que puede sonar como un platillo, pero en realidad es la adivinación usando entrañas animales o gotas de aceite en una bacinica.

Escoger un sistema

. . .

Existen cientos de sistemas disponibles, cada uno con libros enteros dedicados a su explicación y estudio. La elección es tuya. Si quieres anexar adivinación a tus prácticas espirituales, te sugiero que no gastes una fortuna en ello hasta que te asegures que es de tu interés.

Prueba los sistemas que tengas a tu disposición. Si estás usando el tarot, por ejemplo, haz la misma pregunta en diferentes maneras para revisar la consistencia de tus respuestas. Anótalas en tu BOS para que puedas mantener registro de su efectividad. Escoge una forma de adivinación que te llame, te de mensajes claros, y no sea difícil para ti dominar.

Entiende que los resultados o respuestas de cualquier método no significa que tu destino está sellado. El futuro no está escrito en tierra. Revisa estilos y sistemas de tu historia y cultura. Te recomiendo esto porque probablemente ya te has familiarizado con su simbolismo. Si una deidad de una cultura en específico, como el maya Itzamná o el celta Morrigan, te fascina, puedes escoger un sistema de dichos orígenes.

Formas populares de adivinación

Péndulo colgante: Los antiguos griegos y romanos usaban esto para predecir el futuro.

Es la forma más sencilla de adivinación para aprender porque responde solo con un sí, no, o talvez. Este método puede ser usado para encontrar mascotas perdidas u objetos, identificar alergias, encontrar tu propósito, detectar energías negativas, encontrar líneas ley o agua, y mucho más. Funciona al recibir y transmitir energía usando la intuición, decodificando mensajes de ángeles guardianes y otros maestros espirituales. Una gran variedad de péndulos disponibles. No hay necesidad de comprar unos costos para tener buenos resultados. Algunas personas utilizan algo tan simple como una llave suspendida con un hilo.

Haz el tuyo utilizando una piedra o cristal envuelto con cable de joyas y una cadena ligera de entre diez a catorce pulgadas, o invierte en una hecha de cuarzo claro, una gema que promueve la claridad de la mente y conexión con un propósito mayor.

La amatista y el cuarzo rosa también son buenas opciones. Puedes tener más de un péndulo. Siempre recuerda limpiarlos y cargarlos después de usarlos. Envuélvelos en seda o mantenlo en bolsas de cordón para su seguridad.

Taseomancia: Esto viene de la palabra francesa "tasse" que significa taza y la griega "mancy" que significa adivinar.

. . .

La taseomancia involucra interpretar patrones en las hojas de té, sedimentos de vino, o granos de café. Se originó en Asia, el medio oriente, y la Grecia antigua.

Los chinos en el segundo milenio E.C.B empezaron a adivinar usando hojas de té sueltas que dejaban patrones en el fondo de una taza. La taseografía moderna fue desarrollada en el siglo 17 después de que las rutas de comercio brindaran el té a Europa desde china. Las lunas crecientes significan fama, elefantes buenas salud, pájaros buena suerte, y triángulos buena fortuna.

Numerología: Esta es la adivinación usando números. Se fundó con base en que cada número tiene una energía única particular que ofrece una perspectiva en el carácter y destino de una persona. Algunos números tienen más poder que otros. Las tres formas primarias de este sistema son el cabaláco, caldeo, y pitagórico. Una combinación o dos o los tres pueden ser usados en una sola lectura, pero es más seguro usar uno consistentemente para evitar resultados confusos.

La numerología cabalística es derivada del misticismo judío.

El alfabeto hebreo y sus veintidós vibraciones son usados en la interpretación de nombres.

La numerología caldea nación en Mesopotamia, hogar de la astrología occidental. Está fuertemente ligada a asociaciones planetarias. En este sistema, los dígitos individuales te muestran tu naturaleza externa, mientras que dobles dígitos tus cualidades internas.

Pitágoras desarrolló la numerología pitagórica en el siglo 6, y la usó para predecir destinos individuales y de lugares. Llevó la adivinación un paso más allá al alterar los futuros de las personas cambiando sus nombres.

En la numerología moderna, tu camino en la vida es la suma de los números en tu fecha de nacimiento reducido a un solo dígito de uno al nueve. La excepción a este es cuando suman un número maestro como once, veintidós, y treinta y tres. El número de destino es la suma de tu nombre como aparece en tu certificado de nacimiento. La suma de las consonantes en tu nombre revela tu número de personalidad, y las vocales suman el número de tu alma.

Emisión de runas: El alfabeto rúnico ((futhark) es un sistema de escritura desarrollado por la población germánica de Escandinavia, Islandia, Europa del Norte, y Bretaña en el siglo tres. La leyenda afirma que el futhark fue descubierto por Odín colgado de las ramas de Yggdrasil por nueve días. El futhark tiene veinticuatro letras.

. . .

Las letras rúnicas han sido encontradas en joyería y armas que se remontan al siglo tres. El futhark es más de solo letras. Representa las fuerzas cósmicas del universo y a los Dioses.

La emisión de runas es un método que utiliza las runas colocadas en un patrón específico o al azar para guiarte en un problema o a tomar una decisión. Piénsalo como un crucigrama mágico. No hay un método general o específico para emitirlas, pero algunos diseños estándar incluyen emisión de tres runas y emisión de nueve runas. Las runas están hechas de diferentes materiales, sea hueso, cristal, barro, madera, o metal. Puedes comprarlos o hacer las tuyas propias.

La teoría detrás de la emisión de runas es que se enfoca en la mente consciente y subconsciente al mismo tiempo. No esperes respuestas específicas como cuando te casaras, morirás, o te convertirás en millonario. No esperes un consejo concreto tampoco. Las runas solo ofrecen sugerencias o resultados posibles basándose en la situación actual de las cosas. Las respuestas no son dadas al azar. Tu subconsciente las provee. Usa las runas cuando necesites claridad en un tema o solo veas una imagen incompleta.

I Ching o Yijing o El libro de cambios: Este es un texto oracular ancestral chino usado en la cleromancia.

Este sistema empezó en china para dar respuestas a las preguntas de la vida. Los primeros métodos involucraban aventar cincuenta varas de flecha, pero después de un tiempo se empezaron a usar monedas. El I Ching utiliza seis números al azar entre el seis y nueve, colocados en la secuencia del Rey Wen – un hexagrama de seis líneas formadas por cañas o monedas.

Las líneas del hexagrama proveen predicciones sobre el pasado y el futuro cercano. Esta forma de adivinación está basada en la teoría de cinco elementos:

- Huo (fuego).
- Jin (metal).
- Shui (agua).
- Tu (tierra).
- Mu (madera).

Estos elementos forman la base de todo lo que existe en el universo. El I Ching también está basado en el concepto del yin y el Yang, que es el concepto de la dualidad e interconectividad de todas las cosas, así como el Bagua, las permutaciones cósmicas que muestran los principios fundamentales de la realidad en ocho trigramas y sesenta y cuatro hexagramas.

En este estilo de adivinación, tres monedas son arrojadas seis veces (para las líneas del hexagrama).

Los patrones son formados cuando estas aterrizan, y determinan las respuestas a problemas específicos. El I Ching es único porque no te provee con explicaciones claras. Solo te ayuda a encontrar las soluciones dentro de ti. No importa cómo se arrojen, lo que importa es tu mentalidad porque la concentración es necesaria para interpretar las respuestas de tu subconsciente.

Quiromancia: El estudio de las manos es la forma en la que esta forma de adivinación se lleva a cabo. El quiromántico examina las líneas en tu palma junto con la forma de tu mano y su tamaño en relación con la longitud de tus dedos. Puedes aprender mucho sobre la constitución mental, física, y emocional de una persona por sus manos. Detalles sobre su pasado, presente, y futuro también pueden ser revelados.

La quiromancia ha sido practicada por más de 3000 años, se volvió popular durante la dinastía Zhou. Diferentes formas de esta ciencia existen en muchas culturas alrededor del mundo, pero la más prominente incluye métodos enseñados en astrología védica, cultura romaní, y prácticas chinas.

La mano izquierda revela las características innatas y compone 20% de la lectura, mientras que la mano derecha muestra información postnatal y compone el 80% de la lectura.

. . .

Ya que tus manos están en constante cambio, la información adivinada dos años atrás puede diferir un poco de una lectura más reciente. Estas son las líneas principales y lo que representan:

- Línea del corazón: pasión, amor, e intimidad.
- Línea de la cabeza: sabiduría, inteligencia.
- Línea de vida: vitalidad, patrones de enfermedad que puedan surgir.
- Lina del destino: carrera, destino.

Desde su introducción, la quiromancia siempre ha sido una ciencia psíquica al reverso. Grandes líderes como Alejandro el Grande escogían a los soldados de sus tropas basándose en sus lecturas de palmas. El islam, es cristianismo, y científicos lo han descartado. No importa cuando quieras adornarlo, la mano es una obra maestra. Por eso existe un campo de estudio dedicado únicamente a las huellas dactilares y la mano que es llamado dactilografía.

Adivinación con objetos: En esta técnica, observas una superficie reflejante, refractiva, o luminiscente para ver imágenes que revelan eventos. Las superficies incluyen bolas de cristal, agua, nubes, obsidiana pulida, espejos, o llamas de vela, gemas pulidas, anzuelos de pescar, huevos, y metales pulidos. Algunas personas prefieren mirar a las partes de adentro de sus párpados.

. . .

Este tipo de adivinación no solo es asociada con los gitanos.

Diferentes culturas lo utilizan. Los egipcios usaban tinta en agua. La diosa egipcia Hathor tenía un escudo que reflejaba todas las cosas en su verdadera forma. Es de este espejo que el primer espejo mágico fue diseñado. Textos persas antiguos escritos en el siglo diez mencionan la copa de Jamshid usada por los ocultistas para observar las siete capas del universo. Los antiguos Celtas, Aztecas, u griegos, adivinaban usando vidrio negro, berilo, cristal, cuarzo pulido, y agua.

Se cree que los espejos y otras superficies brillantes son entradas al mundo de los espíritus, permiten que mensajes y avisos de amados y otras entidades sean entregadas a través de una superficie altamente reflejante. Brujas y chamanes con frecuencia cubren sus objetos de adivinación con tela negra cuando no se están utilizando para mantener estas "puertas" cerradas.

Tarot: Esta es una forma de cartomancia – predecir el futuro, entender el presente, y ganar percepción del pasado usando cartas. Los mazos del tarot tienen setenta y ocho cartas con cuatro cajas conteniendo catorce cartas cada una llamadas la arcana menor, y veintidós cartas del triunfo, llamadas la arcana mayor. Las cartas sirven para autoconocimiento, perspectiva, predicción, guía, y sanación.

· · ·

Nadie sabe cuál es el verdadero origen del tarot. Ocultistas y expertos del tarot como Elifas Lévi y Etteilla sugieren que se originaron en el antiguo Egipto. Otros afirman que es una invención china. No existe evidencia suficiente para apoyar ninguna de las dos teorías. La historia que parece más plausible es que los Romaníes llevaron el tarot a Europa. Aunque la fecha exacta es desconocida, estas cartas han existido desde el siglo 14.

Cada imagen en el tarot tiene un significado simbólico. El arcana mayor representa las decisiones que pueden cambiar tu vida, empiezan con el loco (0) y terminan con el mundo (**XXI**). Indican tu camino física y espiritualmente a través de la vida, y después de tu muerte renaces para empezar desde cero. La arcana menor contiene espadas, copas, pentáculos, y varas. Las figuras incluyen al rey, la reina, y princesa.

Representan tu tipo de personalidad, entendimiento individual de las situaciones, y otras personas. Las cartas numeradas, empezando con el As y terminando con el 10, demuestran las diferentes fases de un evento. Cada carta tiene un significado al derecho y al revés. Puedes leer ambas posiciones o solo interpretarlo al derecho.

El mazo clásico es el de Rider-Waite, que es una buena opción para expertos y principiantes. Algunos creen que tu primer mazo debe ser un regalo.

Esta es una creencia errónea bastante popular, ya que no puedes escoger lo que te regalan. Es más gratificante escoger un mazo que te guste. ¿Prefieres los clásicos o los modernos? Ningún mazo es mejor que otro, así que ten en cuenta tus sentimientos mientras buscas el indicado.

Hechizos de adivinación

Hechizo de adivinación templada

Necesitarás un cuerpo de agua, o agua en un cáliz, así como la carta de templanza. Primero, mira la carta de templanza o la del ángel. Te dará la mentalidad correcta para la adivinación. Concéntrate en ello con una mente abierta, confiando que recibirás la información correcta. Deja que te llene de esta energía.

Cántico: "Carta de la templanza y agua que están quietos, incrementen mi visión, concedan mis deseos. Revelen la verdad, para que el conocimiento sea ganado, y las imágenes bailen más allá de este reflectivo plano."

Meditación: Concéntrate en la superficie reflejante, en este caso el agua. Siente el intercambio de energía de la carta al agua.

Puedes imaginar esto como una luz blanca moviéndose entre la carta y el agua. Hacer esto afina tu habilidad para adivinar e incrementa tu rendimiento. Proyecta la carta sobre la superficie y en el ojo de tu mente siente como su energía fluye a través de ti. Agradece al ángel por su guía mientras mantienes tus ojos en la superficie reflejante. Deja que la energía fluya libremente entre tú y el agua. Permanece de esa manera hasta que tengas una visión.

El hechizo de la decisión correcta

Para este hechizo, necesitarás las cartas de dos pentáculos y el colgado. Este hechizo es para ser guiado, especialmente si te encuentras en una encrucijada. Asegúrate de que se realiza al menos 24 horas antes de tu decisión final. La carta de los dos pentáculos simboliza el balance entre las opciones, mientras que el colgado representa a alguien envuelto en las redes de la indecisión.

Primero, coloca la carta del colgado ante ti. Es el símbolo de los caminos que se unen. Libérate de las garras del colgado, ya que la inhabilidad de tomar una decisión es una decisión por sí misma. Después, coloca los dos pentáculos ante ti.

Considera las opciones que tienes.

. . .

Cántico: "Resoluciones, resoluciones, decisiones por tomar. Revélame toda la imagen; para nunca yo fallar. Siempre protegido, libre poder vivir. Escoge la opción que más me pueda convenir."

Sopesa las decisiones que tienes que tomar en tu mente hasta que una te parezca la decisión correcta. Toma en cuenta los pros y los contras de tu elección por veinticuatro horas antes de hacerla oficial.

8

El poder de la invocación

Desde el inicio de los tiempos, los humanos han tenido curiosidad y sido sensibles al plano espiritual. Es invisible al ojo humano y aun así nos afecta todos los días. Nuestros ancestros tenían conocimiento sobre estos mundos y tallaban animales y otros instrumentos para representarlos y controlarlos.

Los mundos espirituales, lo astral, lo planetario, elemental, y celestial todos tienen entidades que interactúan pasivamente con nosotros en el plano físico. Tu meta como ocultista, bruja, o wiccano es mantenerse sensible a estos mundos, intuitivamente sentir sus mensajes, y comunicarte activamente con los seres en esos mundos. Uno de los pasos que hay que tomar para comunicarse con entidades del otro mundo activamente es la invocación.

. . .

Lo que es la invocación

La invocación es la práctica de invitar la presencia una deidad, espíritu, o entidad para usar sus poderes o por su habilidad de conceder un deseo. Son una forma de conjuro.

La invocación usa las propiedades místicas de palabras, o sonidos, y nombres sagrados para crear una alineación y armonía entre las conciencias de estas entidades. Las invocaciones son realizadas con extremo cuidado porque pueden salir mal muy rápidamente. Para atraer la atención de un espíritu o fuerza específica, el solicitante debe reconocer sus atributos, fortalezas, y virtud, para que una reverencia total pueda ser ofrecida.

Las invocaciones tienen una recomendación esencial: Deben de ser dichas en voz alta. Todas las facultades y sentidos tienen que estar involucrados en una invocación. Deben ser acompañadas de tantas vibraciones intensas como sea posible porque realizar una invocación es inundar a tu persona con rezos.

Durante la mágica, las invocaciones son hechas cuando se emite un círculo sagrado para implorar la presencia de espíritus específicos para observar y ofrecer protección durante el ritual. También es hecho para permitir una posesión temporal. Los usos más comunes de la invocación incluyen:

- Sanación
- Generación de riqueza
- Encontrar el amor
- Protección en contra del ojo maligno, enemigos, y la mala suerte
- Incrementar las oportunidades de concebir

Los grimorios y otros manuales mágicos contienen una gran cantidad de instrucciones para rituales e invocaciones.

Propósitos de las invocaciones

Como todo acto mágico, las invocaciones se realizan con una intención y/o meta, las más comunes tienden a ser:

1. Volverse uno con la deidad, hablar y actuar como lo haría, y servir como oráculo.
2. Conferir bendiciones a un individuo u otorgarles una cierta cantidad de poder.
3. Comandar a los espíritus bajo su control como lo haría la entidad en persona.
4. Permitir al practicante capturar la esencia y virtud de la deidad, para que su energía pueda ser usada para cargar un amuleto o talismán, y se

mantiene eficaz mucho después de que el ritual se termine
5. Manipular la energía de una deidad o fuerza en la misma manera en la que uno controlaría los elementos para cargar armas elementales

El concepto de la evocación

La evocación es una práctica espiritual donde llamas a un espíritu (benigno o maligno) para tomar forma afuera de tu cuerpo como energía. Es la práctica usada para conectarse con ancestros o familiares por primera vez. Los rituales evocativos son hechos para entender la verdadera naturaleza de estos espíritus y conocerlos antes de permitirles entrar a tu vida. Estas entidades y familiares se vuelven cercanas en poco tiempo, pero solo después de que la relación haya sido establecida.

En la evocación, no existe una línea directa de comunicación con la entidad que se invoca. Nunca tiene contacto con tu forma física, aunque puedes ver y percibir su presencia. No pueden poseernos, manipularnos, o tomar nuestra fuerza vital porque no tienen nuestro permiso explícito. Algunas tradiciones mágicas realizan ceremonias de evocación implementando el uso de sustancias psicotrópicas.

. . .

Manuales tales como el *Lemegeton Claviculis Salomonis*, y *La magia sagrada de Abramelin el Mago* proveen instrucciones detalladas y devociones dedicadas a la invocación de una o una gran cantidad de entidades, familiares fallecidos, y otros espíritus familiares.

En estos manuales, las entidades fueron comandadas usando largas letanías Helenísticas y cabalísticas en el nombre de Dios. El invocado también usa duelas, varitas, fuego, incienso, y diagramas complejos dibujados en pergamino u otras superficies, y dagas.

La magia enoquiana permitía la evocación a través de un espejo o bola de cristal. El voluntario se familiariza con la voz de la entidad y puede transmitir los mensajes requeridos del evocador. En ocasiones, el voluntario es un médium, hablando como la entidad, no en su lugar. En otros casos, la entidad puede ser contenida en un artefacto simbólico o conjurada en una forma o diagrama del cual no puede escapar sin el permiso explícito del conjurador.

En las prácticas ocultas, las evocaciones pueden involucrar invocar a un demonio, sublunar, o una entidad impredecible. En el *Salomonis Regis* o *La llave menor del rey Salomón*, hay instrucciones específicas para que el practicante pueda realizar evocaciones demoníacas.

. . .

Esto es hecho con un triángulo mágico dibujado para contener a la entidad evocada y un círculo sellado mágicamente para la protección del invocador.

El problema de esto es que la repetición de este ritual por periodos largos de tiempo te pone bajo el riesgo de encarnar características de la entidad que estás evocando inconscientemente. Esto es similar a como copias las acciones de amigos con los que los relacionamos más. Cuando esto sucede en una connotación espiritual, es la responsabilidad del invocador o el ocultista mantenerse consciente de estas influencias subconscientes. Son ellos los que deben dibujar la línea proverbial, que nunca deberás cruzar a no ser que estén dispuestos a absorber los atributos de la entidad permanentemente. Por esto muchos practicantes de lo oculto deben poseer más control sobre su subconsciente comparado con las personas promedio.

La diferencia entre invocación y evocación

Invocar una entidad es llamarla a dentro de tu ser. Esto te permite asumir algunas o todas las características de ella. Te conviertes en uno con la entidad que llamas. Invocar es un acto muy íntimo, y sus resultados implican un nivel de comunicación y potencial mucho más intensos.

. . .

Las invocaciones requieren que el invocador se convierta en un tipo de médium. La entidad que está siendo invocada debe de surgir de ellos. Cuando invocas, usas todas tus energías y recursos para asegurarte de que suceda. Después de una invocación exitosa, el espíritu actúa a través del invocador. Muchos cambios pueden ocurrir desde la alteración vocal hasta cambios en el comportamiento y apariencia. Muchos que han estado en esta posición afirman que estaban conscientes que la entidad los usaba como un contenedor. Otros experimentaron disociaciones y huecos temporales.

La evocación tiene diferencia en que el invocador está conjurando una entidad para un favor específico, información, o alguna tarea del plano físico. Después de que la tarea sea completada, el practicante puede escoger desterrar, ligarse, o retirar a la entidad. No es servicio o suplicación a la entidad. La meta es que la entidad conceda favores o responda preguntas. El practicante puede decidir dar una ofrenda a la entidad por cortesía. Algo vital para la evocación es la distancia creada entre el practicante entre la entidad y el invocador.

¿Invocar, evocar, o ambas?

Hay muchos métodos para invocar y evocar espíritus.

• • •

Las formas más comunes son visualización, tableros ouija, escritura automática, péndulos, y sueños. La elección de invocar o evocar depende de la naturaleza de la entidad en cuestión. Incluso con otros humanos hay grados de interacción, todas dependientes de tu grado de cercanía con la persona. ¿Correrías a abrazar a un perfecto extraño? Por supuesto que no.

Cuando invocar o evocas una entidad, como Mammon, por ejemplo, ¿lo invocarías solo porque tienes una obsesión con el dinero sin conocer todas las implicaciones que tiene trabajar con él? Recuerda, las obsesiones no son sanas y pueden nublar tu juicio y cegarte a las consecuencias de ciertas acciones.

Así que, cuando te comprometas a invocar o encarnar un espíritu en particular, considera todas las opciones. No puedes andar por la vida invocando entidades solamente porque posees el conocimiento o crees que es una buena idea. Estas acciones requieren un pensamiento serio. Antes de intentar evocar o invocar, verifica que los atributos de la entidad estén alineados con tus necesidades. Tus metas deben ser prioridad. El Rede Wicca te puede permitir hacer lo que quieras, pero debes prepararte para las consecuencias.

Además de tus metas, es crucial considerar tus habilidades.

Has escuchado el dicho popular "donde está la atención fluye la energía." Trabajar con fuerzas mágicas y energías espirituales puede ser emocionante, gratificante, y muy poderoso, pero tienes que ejercer con precaución. Una educación apropiada sobre los rituales mágicos y poderes es necesaria, junto con una mente receptiva. La falta de estos dos puede ponerte en una situación donde te encuentres con energías que no tienes idea de cómo manejar.

Los ocultistas florecientes se preguntan si una persona puede invocar y evocar al mismo tiempo. Es posible. Pero la pregunta es, ¿es necesario? La invocación ya contiene los efectos de la evocación hasta cierto punto. El impacto en el plano físico se puede observar en ambos casos, la única diferencia es que la evocación te previene encarnar la entidad que has llamado.

Ahora, si lo que decides es invocar un espíritu y evocar a otro la única condición bajo la cual puedes hacerlo es si sus atributos se complementan para satisfacer tus metas.

Aunque no importa lo que hagas, no invoques más de una entidad si aún eres principiante. Se necesita mucho entrenamiento para invocar, comandar, unir, y desterrar una entidad exitosamente.

. . .

Se necesita entrenamiento y experiencia adicional para coaccionar a ciertas entidades para proveer más poder u ofrecer más favores de los que harían usualmente. La falta de experiencia o distracciones durante las invocaciones/evocaciones pueden generarte enemigos espirituales poderosos que te comprometerán a un pacto que nunca solicitaste ni imaginaste. Hablando de esto, no dividas tu atención y recursos entre varias tareas y entidades simultáneamente.

9

Magia con cristales y alquimia

Por años, los cristales, sin importar su tamaño, se han tomado como regalos de los Dioses para el hombre. Como los humanos, estas piedras tienen energía vibracional única.

Puedes usarlas por sí solas o para incrementar tu magia.

Muchos cristales existen, la mayoría de ellos con propiedades y usos similares. Puedes comprarlos en línea, tiendas esotéricas, o ferias de espíritus. En este capítulo, revisaremos algunas piedras versátiles, sus propiedades medicinales, y significado metafísico.

Formas de energía de los cristales

. . .

Cristales proyectivos: Estos son similares a la energía Yang. Proyectan energía, son de naturaleza masculina, y asociadas con los elementos aire y fuego por sus colores, sonidos, y energías vibrantes. Tiendan a tener colores relacionados con la sangre o luz solar como el rojo, dorado, naranja, y amarillo. Son ideales para sanar y proteger de la energía maligna. Son piedras necesarias para tener cuando tienes la necesidad de incrementar tu fuerza de voluntad, vitalidad, autoestima, fuerza, y determinación. Ejemplos de estos incluyen el ojo de tigre, la piedra de sangre, rubí, cornalina, citrina, jaspe rojo, ámbar, cinabrio, ónix, etc.

Cristales receptivos: Estos están asociados con la energía Yin. Absorben la energía y son de naturaleza femenina, relacionados con los elementos tierra y agua. Estas piedras siempre imparten una sensación de serenidad, asentamiento espiritual, y promueven las habilidades psíquicas. Sus tonos son en el espectro frío como el morado, azul, plata, blanco, verde, café, gris, y rosa. Son ideales para incrementar el amor, paz, compasión, habilidades psíquicas, y la sanación de la mente subconsciente. En esta categoría, los cristales populares incluyen la turquesa, piedra de luna, malaquita, lapislázuli, jade, cuarzo rosa, aqua aura, labradorita, crisocola, etc. Algunos cristales no caen en ninguna categoría.

Tienes propiedades duales de proyección y recepción dependiendo del tipo y la energía que les imbuyas durante tus hechizos.

El cuarzo claro, cuarzo sanador dorado, opal, ametista, ametrina, y muchos cristales negros caen en esta categoría.

A medida que practiques y leas más sobre la magia con cristales, te volverás más consciente de la energía que contienen los mismos.

Piedras versátiles que todos deberían tener

Ametista: Una variante de la familia de los cuarzos, sus colores varían desde lila hasta un fuerte morado real. La cualidad de esta piedra recae en las zonas de color, ya que algunas áreas de la gema tienen zonas angulares de colores más oscuros y colores más claros. Su nombre se deriva del griego amethystos, que significa "no intoxicado." Esto fue porque se creía que esta piedra colocada al fondo de un vaso para beber evitaba que el dueño se emborrachara.

Propiedades alquímicas: El agua de amatista balancea las hormonas, limpia la sangre, reduce la tensión y el dolor, mejora el sistema nervioso, y promueve la sobriedad.

Dormir con una amatista bajo tu almohada puede ayudarte con el insomnio y te apoya a entender tus sueños.

· · ·

Propiedades místicas: Esta piedra está asociada con el ángel Rafael. Absorbe la negatividad. Sus frecuencias electromagnéticas ayudan en la meditación, manifestación, e iluminación. Está asociado con el chacra de corona, soma, el tercer ojo, y la puerta estelar que despierta tu intuición y habilidades psíquicas. También te deshace de ilusiones que no te permiten ver la verdad.

Turmalina negra: Una piedra piroeléctrica y piezoeléctrica hecha de silicato borato de sodio hierro y aluminio, es conocido por su uso para limpiar las pipas de ceniza en los tiempos antiguos.

Propiedades alquímicas: Fortalece el sistema inmune, la glándula tiroidea, y las conexiones neuronales. Mejora la coordinación mano-ojo, alinea la espina, reduce el dolor, reduce inflamación, y protege contra cinetosis o mareos por movimiento. La turmalina reduce los efectos de energía electromagnética y geomagnética. También es conocida por mejorar la circulación, inmunidad, y el metabolismo, así como reducir problemas pulmonares, dolor, y espasmos musculares.

Propiedades místicas: Una piedra que te pone los pies sobre la tierra, dispersa patrones de comportamiento negativos y entidades malevolentes.

. . .

También confiere protección psíquica y es usada en rituales de adivinación, protección, y purificación.

Piedra de sangre: También llamada heliotropo con colores que van desde el verde oscuro al verde azul oscuro con rojo o colores óxido, se creía que se formaba de gotas de sangre caídas de Jesús sobre piedras de jaspe al pie de la cruz.

<u>Propiedades alquímicas:</u> La piedra de sangre en polvo combinada con clara de huevo o miel puede succionar veneno de serpiente, detener el sangramiento, y crecimiento de tumores. (Dicho esto, por favor consulta a tu médico si te encuentras en una situación así, utiliza la piedra de sangre únicamente como un tratamiento complementario). Incrementa la resistencia física, purifica la sangre y riñones, y reduce los sangrados de la nariz, acidez, y secreción de pus.

<u>Propiedades místicas:</u> Promueve la sanación psíquica, empodera la kundalini, mejora la manifestación, va bien con la magia del clima, y destierra vibraciones malas.

Cornalina o piedra del cantante: Los antiguos egipcios llamaban a esta piedra "el sol poniente" por su rico color naranja rojizo o ámbar.

• • •

Propiedades alquímicas: Ayuda a la absorción de vitaminas y minerales y fortalece los ligamentos y huesos. Provee alivio para el reumatismo, depresión, artritis, problemas de espalda baja, incrementa la libido, y mejora la fertilidad.

Cuando es pulverizada, la cornalina cura infecciones de encías y dientes. Recuerda primero visitar a un dentista si padeces de alguna de estas condiciones.

Propiedades místicas: Restaura el coraje, la motivación, y creatividad, provee sanación de todos los tipos de abuso, incrementa la autoestima, y reduce la envidia. Es usada en talismanes y amuletos para prevenir ataques psíquicos y renovar la pasión perdida.

Citrina: Esta es una piedra extremadamente rara que pertenece a la familia de los cuarzos. Su color caría de amarillo dorado a café anaranjado o naranja rojizo.

Propiedades alquímicas: Es un fortalecedor del sistema inmunológico y balanceador de hormonas. Lucha contra enfermedades degenerativas, fatiga crónica, e infecciones de tracto genital. El agua infusionada con citrina ayuda al bazo y páncreas y alivia los dolores menstruales.

. . .

Propiedades místicas: Se deshace de pensamientos tóxicos, atrae la abundancia y la riqueza, también incrementa la autoestima y la confianza. Ayuda a superar fobias, reducir sensibilidad a la crítica y ansiedad, y transforma energías negativas en energía positiva.

Cuarzo claro: Esta es la fuente de la palabra "cristal", del griego "krystallos" que significa "hielo claro". Los antiguos griegos asumieron que los dioses que congelaron las aguas celestiales formaron el cuarzo. Algunos dicen que es prueba que las ciudades de Atlantis y Lemuria existieron.

Propiedades alquímicas: Limpia órganos, promueve la regeneración celular y oxigenación de tejidos. Fortalece el metabolismo, articulaciones, huesos, tejido conectivo, regenera ampollas, bloqueos, y la estructura vibracional del cuerpo.

Propiedades místicas: Esta es una piedra versátil y fácilmente programable. Amplifica la energía psíquica y campos vibracionales, incrementa tu consciencia, y dispersa la negatividad. Mejora la concentración, las intenciones, y el poder de otros cristales. Ayuda con la memoria de vidas pasadas, permite comunicación con animales, guías espirituales, familiares, y plantas. El cuarzo claro también incrementa la paciencia, perseverancia, y prosperidad.

· · ·

Así como estas, existen muchas otras piedras que pueden ayudarte en tu camino espiritual o como apoyo para tu magia. Como mencioné antes, ciertas propiedades pueden repetirse, así que si tienes alguna piedra específica en casa qué te gustaría conocer más a fondo puedes revisar en grimorios en línea o guías de cristales en internet. Si los compraste en una tienda esotérica, date una vuelta y comparte una plática con el dueño, seguramente podrá explicarte cuál es la mejor forma de usarla. La hematita, el jade, jet, lapislázuli, malaquita, piedra de luna, obsidiana, cuarzo rosa, y ojo de tigre también son piedras útiles para brujas principiantes. No tienes que comprar todas a la vez. Empieza con algunas cuantas que resuenen contigo y ve creciendo tu colección a partir de ahí. Límpialas y cárgalas con frecuencia después de usarlas.

10

Crea tus rituales y hechizos

Los HECHICEROS experimentados conocen los básicos de la magia y entienden el flujo de energía del universo. La creación de hechizos te enseña cómo utilizar el poder natural de la mejor manera. A medida que tu magia se incrementa, te darás cuenta que los hechizos personalizados te ayudan a evolucionar y mejorar tu práctica.

Hacer tus propios hechizos

Hay dos maneras de hacer tus hechizos. Una es tomar uno existente y volverlo tuyo propio para satisfacer tus necesidades individuales. Puedes modificar algunos componentes siempre y cuando los reemplazos no difieran mucho de la intención del hechizo. Las deidades pueden ser reemplazadas, y algunas frases modificadas para adecuarse a tus creencias espirituales.

La meta es insertar tanto de tu propia energía como sea posible sin modificar la estructura original del hechizo.

El segundo método es crear un hechizo completamente nuevo. Haz esto cuando no puedas encontrar uno que satisfaga tu necesidad específica o cuando los ya existentes parecen estar incompletos. Antes de hacer esto, investiga para encontrar correspondencias e ingredientes apropiados para incorporar en tus hechizos. Entre más específicos y correctos sean tus correspondencias, más potente será tu hechizo.

Independientemente del método que escojas, el siguiente paso es escribir un encantamiento que especifique tu deseo. Estos encantamientos pueden ser poéticos o no rimar en lo absoluto. Los encantamientos usualmente incluyen invocaciones a una deidad cuyo poder se alinee con tus intenciones.

Pasos para crear un hechizo a prueba de tontos

Paso 1. Indica claramente tu deseo: Es inútil emitir un hechizo solo por que sí. Es un desperdicio de energía. Cuando estés creando hechizos, tienes que pensar profundamente sobre lo que quieres.

. . .

Los hechizos exitosos requieren metas precisas. Sin esto en mente, estás enfocando tu energía en un objetivo vago que resultara en un éxito a medias. Para volverte un maestro creador, debes aclarar tus metas evitando deseos superficiales y concentrándote en lo que realmente quieres. Por ejemplo:

- **Principiante**: Atrae más dinero en un periodo de tiempo corto.
- **Intermedio**: Atrae una carrera que ofrezca promociones seguras y consistentes a no menos de $X anualmente.
- **Maestro**: Atrae oportunidades para ingresos seguros y constantes con un salario de no menos de $X mensuales, después de todos los gastos, cuentas, inversiones, y emergencias.

Paso 2. Piensa cuidadosamente sobre las energías que quieres invocar, así como el resultado deseado antes de crear tu hechizo: Quieres pensar cómo armonizar el momento con la influencia astral, fases lunares, horas planetarias, etc. para incrementar la energía de tu magia.

Los antiguos sumerios y magos ortodoxos diseñaron ritos y alabanzas alrededor de los cinco elementos (agua, aire, tierra, fuego, y éter).

Creían que cada elemento poseía un gran simbolismo. Éter también es llamado espíritu, ya que se decía contenía las formas no materiales de las deidades, espíritus, y ángeles entre otros cuerpos celestiales.

Paso 3. Maximiza el poder del hechizo al estar con una mentalidad calmada: Una mente agotada no es eficiente para canalizar y liberar energía. Para componer un hechizo, tienes que cambiar tu consciencia para minimizar los ruidos y voces dentro y fuera de tu cabeza.

Paso 4. Genera y libera energía hacia tu deseo: Esta es la verdadera base de la creación y emisión de hechizos. Los hechizos ganan poder de la energía que impongas y aquella presente en los ingredientes que se escogieron para el mismo.

Paso 5. Manifiesta tu deseo: Este es el punto capital, la fase final de la emisión de hechizos. Los hechizos pueden ser utilizados para resolver muchos de los problemas de la vida.

Aún así, muchos libres hacen énfasis en hechizos que ayudan en muchas necesidades humanas, como la seguridad, riqueza, amor, y salud.

. . .

Una razón detrás de la falla de muchos hechizos de abundancia y prosperidad es el hecho de que están alimentados por sentimientos de lujuria, envidia, o avaricia. No hay duda de qué hacer hechizos puede solucionar problemas financieros es algo entendible.

Por otro lado, algunas necesidades son entendibles, y otras no. No solo porque no existen, sino porque esa necesidad se genera de sentimientos y energías más grandes de las que quieres reconocer. Puedes realizar hechizos en el momento que quieras siempre y cuando:

- Tengas la mentalidad correcta: Distracciones y preocupaciones afectan la concentración lo que debilita el efecto del hechizo. Suprimir una reacción emocional como la culpa, ira, etc. te pone en riesgo de hacer comandos impulsivamente, que no es solo irresponsable, sino puede atraer consecuencias impredecibles.
- Estés con buena salud: La enfermedad es un símbolo de energía desbalanceada. Los hechizos son un trabajo duro. Por ende, te ayudará tener la fortaleza para canalizar energía. Esto significa que tenemos que estar en la mejor condición cuando se trata de nuestra salud. Nadie realiza una actividad con lo mejor de sus habilidades cuando está enferma. Es hipócrita pensar que podemos crear cambios positivos mientras nos sentimos mal. La única excepción para realizar

hechizos con mala salud es si son emitidos para restaurar tu vitalidad. En esta situación, utiliza hechizos más calmados que requieran métodos más amables para canalizar magia.

Cuando estés formulando hechizos, sé consciente que todo es esencial. El color de la vela, el círculo en el piso, la pronunciación de los hombres, las hierbas involucradas, la hora o el día, la dirección de tu cara mientras cantas, y cualquier incienso o aceite significativo que se use. esfuérzate para asegurarte de que lo estás haciendo correctamente o estás usando los equivalentes apropiados para cada hechizo.

La relevancia de la correspondencia en la creación de hechizos

En la creación de hechizos, la correspondencia es crucial. Las correspondencias en Wicca son símbolos, cosas, o momentos que se alinean con ciertas vibraciones o energías mágicas. La correspondencia no es magia; beneficia a la magia para que los hechizos sean incrementados con visualización y el poder de la intención.

El uso de la correspondencia es una práctica tan antigua como el tiempo. Se dice que entre más de esta incorpores en tu trabajo de hechicería, mayores son las oportunidades de que el hechizo sea exitoso.

Por ejemplo, si estás llevando a cabo un hechizo para incrementar la creatividad, lo mejor es usar una vela naranja. Junto con aceites como el de madera de cedro o cristales como el citrino, diamante herkimer, o pirita, te beneficiarás de invocar a la deidad de la creatividad como Atenea, Hefesto, o Kvasir. Los hechizos para la creatividad son recomendados durante la luna creciente o llena para incrementar las oportunidades de éxito.

Formular tus hechizos te permite hacer una lluvia de ideas e investigar. Esta es la única manera en la que entiendes lo que cada objeto, oración, y componente representa.

Entender el significado detrás de cada palabra dicha y cada acción realizada empodera tu intención, lo que es el ingrediente mágico más crucial para un hechizo.

Conclusión

Si estás aquí, asumo que has leído este libro por completo para descubrir el mundo multifacético del ocultismo y la brujería. Ahora sabes que entender lo supernatural requiere convención personal, una mente sin prejuicios, deseo, paciencia, y el coraje para seguir adelante, además de la madurez para aceptar la responsabilidad por cada acción que realices en el nombre del misticismo.

Puedes generar argumentos claros con confianza cuando te encuentres en situaciones donde tienes que defender tus nuevas creencias con respecto a lo sobrenatural y el uso de magia. Los ocultistas y brujas no torturan niños, se montan en escobas, o cambian su forma a voluntad. Tampoco pertenecen solo a los cuentos de hadas. Son seres humanos que viven y respiran a tu alrededor.

. . .

La brujería resuena con muchos de nosotros hoy en día porque abarca problemas clave como sobreponerte a los prejuicios religiosos, cuidar el medioambiente, la igualdad de género, y los peligros del pensamiento miope. Tanto brujas como Wiccanos tienen una meta principal en mente: mejorar como personas y el mundo mientras trabajan por el bien usando magia. Todo esto es hecho con el entendimiento de que sus acciones afectan todo y a todos los demás.

La magia está en todos lados. A medida que construyas este camino, usa todo el conocimiento base que adquiriste de este libro para canalizar el poder dentro de ti. Los planos no físicos siempre estarán abiertos para que puedas tener esta experiencia. Como te diste cuenta, este libro no usa todo ese lenguaje florido que se encuentra en la mayoría de los textos y describe métodos precisos para practicar magia. No hay una forma correcta o incorrecta de ser una bruja, así que enorgullécete de tu arte, escucha a tus sentidos brujos, toma tu besom y empieza a volar.

La autenticidad es una palabra importante mientras practicas tu arte. No hay dos brujas iguales. Esta unicidad, esta autenticidad pura es el corazón de la brujería. Los libros solo te guiarán hasta un punto. Si quieres tomar un paso, hazlo. El miedo no hace más que paralizarte. ¿Qué es lo peor que puede pasar? ¿sale mal un hechizo? ¿no nos pasa a todos? La magia es prueba y error el 90% del tiempo.

. . .

Solo la práctica constante te dará esa confianza en tus habilidades e incrementará tu conexión con lo divino.

Nunca dejes de aprender. Permítele al universo guiarte mientras forjas tu destino de autosuperación. Practica éticamente y nunca olvides el Rede Wicca que nos aconseja nunca usar nuestra habilidad para dañar a otros. La religión Wicca cambia vidas. A medida que tu arte evolucione, crecerás y aprenderás de otros y fácilmente incorporarás tus nuevos poderes en cada momento de tu existencia. ¡Feliz encuentro, feliz partida, y bendito seas!

Merry meet, Merry part, and blessed be!

www.ingramcontent.com/pod-product-compliance
Lightning Source LLC
LaVergne TN
LVHW021718060526
838200LV00050B/2735